U0111815

大展好書　好書大展
品嘗好書　冠群可期

大展好書　好書大展
品嚐好書　冠群可期

劍術武學 ①

龍形劍與八卦劍
附 DVD

賈寶壽　侯介華　著

大展出版社有限公司

序

　　賈保壽老師的武學著述及配套影像資料問世了，《龍形劍與八卦劍》爲開山之作。

　　20世紀80年代初，我偶然在電視上見到了一次劍術演練，勁疾輕靈，直如蟄龍騰空、鳳舞九天，頓時想起了杜甫在《觀公孫大娘弟子舞劍器行》中描述的「霍如羿射九日落，矯如群帝驂龍翔。來如雷霆收震怒，罷如江海凝清光」。待收勢，發現演練者原來是同處介休城的介休教師進修學校賈保壽老師，只是那時的小黑白電視效果較差，加之身法變化實在太快，一時竟沒認出來。

　　在山西武術界，賈老師頗見傳奇色彩：20世紀50年代初，隨姐姐至太原讀書時，於路邊結識了賣櫻桃的啓蒙師父張克勤。張師傅屬太原武林名宿，擅紅拳，性豪爽，與諸多名家高手交好。在爲賈老師打下了紮實的基本功後，主動請至交好友將各自特色武學傳授愛徒。賈老師的龍形劍、八卦掌也是

由此得自張春波、張書田二師傳授。張春波是原國家武協主席鄭懷賢的高足，而鄭懷賢又是孫祿堂的傳人。龍形劍與公孫大娘所舞「劍器」之關係雖無可考，但肯定有相承因素。張書田亦爲山西既諳形意，又擅八卦的名家。

1958年山西省武術隊成立，已譽滿省城的賈老師成爲首批入選者。省隊是全省各門派名手彙集處，以形意門而言，就有趙永昌、李三元、王瑛、李桂昌任教練。當然還有其他拳派的教練，如韓子先等。這種專業環境薰陶，使賈老師又進一步吸取了諸家之長，連續在全省正式賽事中，奪取全能或單項桂冠，成爲山西武術界翹楚。

1959年，作爲主力隊員，以「純陽劍」、「三義拳」參加了新中國首居「全運會」武術表演賽。

1960年又以「十二形」奪取全國青年武術比賽形意拳第二名。同年，被錄入山西大學，以學生身份任陳盛甫教授的動作示範助教，在武術理論和技能方面都得到了系統提高。大學畢業，逢特殊年代，賈老師被分配到了太行山區的平定縣。從此，遠離了全省武術活動中心太原；十年後，回到了家

鄉介休。

　　20世紀70年代末、80年代初，出於對傳統武術挖掘整理的需要，國家相關部門組織了各門派代表武術家參加的全國武術觀摩賽，賈老師以山西省教練兼選手的雙重身份，參加了比賽。其本人以劍術、形意拳、炮錘獲得兩金一銀佳績，龍形劍就是其金牌項目之一。近年來，又結合其對劍術的理解和八卦掌造詣，創編了更爲流暢、自然，富有「賈氏」特色的六十四勢八卦劍，可謂傳統功底扎實，發展合規中距。

　　劍，乃百兵之君。劍術是武術器械中最爲儒雅、瀟灑的象徵，久練，不僅可強健柔美身體，還能陶冶情操。歷史上著名的書法家「草聖」張旭觀公孫大娘舞劍而受啓發，書法大進；「詩聖」杜甫驚歎公孫大娘舞劍而有長篇詩作。今賈老師將舒展、優美的龍形劍和八卦劍以影像資料配圖文資料公之於世，對廣大武術愛好者，尤其是劍術愛好者而言，當是一項利好善舉，殊爲可幸。

　　配套資料殺青，賈老師囑我爲序。我雖與賈老師至契師友相交數十年，然而武術畢竟爲自己的職閒餘事，見識淺陋，恐有辱斯武，故以「門外漢」

爲由辭之。但賈老師言：「武術本就傳於民間社會，我的東西就是櫻桃攤子上拾來的，拾來的東西還之於社會，有什麼門外漢、門內漢的？」對傳統武術做出了承前啓後貢獻的賈老師如此屈尊，我還能再推辭嗎？是爲序。

王爲平

王為平，筆名味平、未平，河北武安人。供職介休市人民醫院，心內科專家。形意門三代傳人李德勝（李老能—李太和—劉玉山—李德勝）執帖弟子。有專業論著、詩文見諸專業雜誌及相關出版物。

說　明

一、本書以豐富、發揚武術傳統文化為宗旨，編著了龍形劍、八卦劍兩個劍術套路。

二、「武術多重複」，如傳統龍形劍第一、第二兩段多為重式，需知或為重要實戰技法，或必有深意寓焉，不可厭而省之。

三、套路中的同樣招式，也重拍照片，一再詮釋，避免了習練者前後翻尋，影響學練。

四、套路中的每一個動作都提供了傳統武術動作名稱。傳統武術動作名稱是對武術動作形神統一的寫照，取其神韻，像其形，寓示動作風格，要細加體悟，自有妙境。

五、每一套路的各拳式之間及每個分解動作之

間，都要緊密連貫，不可停頓中斷，做到勢勢相承。

六、每個動作都要「齊」、「整」，全身協調運行，做到一動全動，一到俱到。

七、每一分解動作均用圖文並列對照的方式編寫。每一圖是這一分解動作的剎那間完成姿勢，其文字說明從上一動作（姿勢）如何變化而來。

八、圖中腳手的弧線與箭頭，則是下一分解動作的手腳運行路線與應抵達的部位，其動作說明在下一分解動作說明中。

九、在紙的平面上有時很難畫出立體形的路線來，希望讀者參照劍法及步法動作說明進行運行，或觀摩光碟片。如圖與文字說明不同時，以文字為準。

目　錄

第一章　龍形劍

　　龍形劍是一個風格多異的傳統器械套路,會者較多,流行較廣,舞動起來似龍的形態動作,一吞一吐,勢若游龍,故名為龍形劍。

　　編者20世紀60年代師從內家拳名師張春波、張書田老師學劍,經過多年不斷演練,將二老兩種風格不同的套路融為一體,同時在練法、內容諸方面進行了整合充實,並徵得二位前輩的同意,形成了一套內容完整充實、富有特色的套路。

　　此套路共有65個動作,分為四個大段。主要劍法有:刺、劈、點、崩,撩、掛、穿、截,斬、抹、架、撥等,並配合各種步型、步法、身法等。動作伸縮起落,轉翻旋扭,舒展大方,劍身合一,神速莫測,連綿不斷,行似流水,毫無行滯之氣。

　　經常演練這個套路,能獲得較好的健身效果。由於動作幅度大,翻轉伸探對全身關節韌帶肌肉牽拉扭旋,伸縮震動,提高了肌肉的伸縮力和關節部位的靈活性、穩固性,對內臟器官牽引震動,按摩導引,促

進內分泌和微循環，改善營養狀況，提高健康水準，改善大腦的穩定性、靈活性和快速反應能力；並增強身體力量、速度、柔韌等素質。

練法上，應由易到難，由慢到快，循序漸進，逐步提高，進而熟能生巧。可以一動一動、一組一組、一段一段地學練；也可以將某些動作抽出來單獨演練，例如圓形步旋轉截刺，仰身伸探翻旋，掛劈大翻身探刺旋扭，背後穿劍踢腿，掄掛劍，行步等。要多練仆步和虛步為主的五種基本步型，單獨練習各種劍法，加強柔韌訓練，特別是下腰、甩腰、壓肩、轉肩、翻腰等，只要堅持演練，就能獲得滿意的效果。

第一節　劍的各部位名稱

1. 劍 身

是指包括劍刃、劍面、劍脊、劍尖在內的從劍尖至護手處的全部。

2. 劍 脊

是指劍身兩面中間的、從護手至劍尖，形似魚脊的凸起直線。

3. 劍 尖

是指劍身最前端尖銳鋒利的部位。

4. 劍 刃

是指劍身兩側的鋒利部位，又按從劍尖到護手的前後位置分為前刃、中刃、後刃三部分。

5. 劍 格

是指劍身與劍柄之間作為護手的部位。

6. 劍 柄

是指護手後用於把握的部位。

7. 劍 首

是指劍柄的末端突出的部位

8. 劍 把

是指護手、劍柄、劍首的總稱。

9. 劍 穗

指劍首上繫的穗子，有長穗與短穗之分。

10. 劍 面

指劍脊至劍刃的部位。

第二節 龍形劍的基本步型、步法

龍形劍步型主要有：併立步、獨立步、虛步、弓步、仆步、蓋步、插步、歇步等。

一、步　型

1. 併立步

併腳直立，兩臂下垂。

2. 獨立步

一腿獨立支撐，另一腿屈膝提起，上身直立，腳尖自然下垂。

3. 虛　步

兩腳前後開立，距離約一步左右，後腿屈膝半蹲，腳尖外撇約45°踏實，重心落在後腿上；前腳伸出，以腳尖虛點地，腳尖微內扣，膝微屈內夾。

4. 弓　步

兩腳前後開立，前腿彎曲，腳掌著地，腳尖微內扣，膝蓋與前腳尖上下垂直；後腿蹬直，腳跟不能掀起，全腳掌緊緊貼地，腳尖外撇不超過30度；上身挺直。

5. 仆　步

兩腳左右開立，一腿屈膝全蹲，大腿和小腿靠緊，臀部接近小腿；另一腿挺直平仆，腳尖裡扣，全腳著地。眼向左方平視。仆左腿為左仆步，仆右腿為右仆步。

6. 蓋　步

一腿向另一腿前蓋步，腳尖外擺，上身後轉，兩

腿成交叉步。

7. 插　步

「一腳經支撐腳後橫落」，即「倒插步」，俗名「偷步」，含有「偷步暗轉」的意思。

8. 歇　步

兩腳左右交叉站立，前腳外展，前腳腳尖與後腳腳跟在一條直線上，兩腳相距約為本人小腿長，兩大腿靠攏貼緊，屈膝全蹲，下蹲時兩腿貼緊，臀部坐於後小腿接近腳跟處。左腳在前為左歇步，右腳在前為右歇步。

二、步　法

龍形劍步法主要有行步、圓形步、弧形步等。

1. 行　步

兩腳交替前落前邁，右腳前落，左腳向右前邁步；再上右腳，左腳向左前上步；上右腳再上左腳，右腳向右前上步；上左腳，再上右腳。行步走S字形。行步要求平穩，步、身、劍、左手要協調配合，動作連貫，如龍形劍中的行步撥劍（撥草尋蛇），右3、左3、右3，共9步。

2. 圓形步

左擺右扣，走一小圓，從開始到落步共四步，要協調連貫、舒展柔和。

3. 弧形步

兩腿微屈，兩腳迅速連續向前行進，每步大小略比肩寬，走弧形路線，步履要平穩，身體半蹲，上下要協調，如龍形劍中的穿崩弧形步（專諸端魚）。弧形步從左腳落地開始，到右腳下落共6步。

第三節　龍形劍的基本劍法

龍形劍劍法主要有點、壓、刺、抽、帶、劈、掛、撩、穿、架、截、斬、掃、撥、絞、崩、雲等十七式。

1. 點　劍

沉腕立劍蓄勁，既而劍尖向前下傾倒，隨即順勢向上提腕，力達劍尖下鋒。一般是由上向下和由內及外，運用腕力以劍端向外點擊，分為前點、後點或側點。例如，龍形劍中的虛步點劍（龍首下視）動作中的前點。

2. 壓　劍

用劍面向下摁壓，力點貫注在劍身劍面，一般是由上向下壓。例如，龍形劍預備動作中的併步壓劍。

3. 刺　劍

一般是由內向外，運用腰腿臂的合力以立劍或平劍向前刺出，臂與劍成一直線，以腰腿勁將劍送出，

力點貫注在劍尖。根據刺的不同方位，分為前刺、後刺、上刺、下刺、探刺、正刺和反刺等。例如，龍形劍中的提膝前刺（子陵釣魚）、震腳弓步反刺（巧女紉針）、弓步探刺（弩箭穿心）等式。

4. 抽　劍

力貫劍身，一般是劍尖向前，由右向前再向左後，或由左向前再向右後的用法。例如，龍形劍中的震腳弓步反刺（巧女紉針）中的過度動作。

套路中沒有明確單式，但必須有明顯抽劍的動作。抽劍時，以腰勁抽帶，劍柄引領，平劍，劍身由前方向後方抽回，力點沿小指側劍刃滑動，劍高在胸，勿貼身。

5. 帶　劍

平劍，劍由一側的前方隨轉腰帶向另一側前方，隨即屈肘回抽，腕高不過胸，劍尖斜向前，力點沿小指側劍刃滑動。帶劍高度在胸，劍要平穩。從右往左帶劍是仰手握劍，從左向右帶劍是俯手握劍。

6. 劈　劍

是由上向下劈。劈劍之前要先將劍舉在頭側；劈劍時注意腰腿的合勁，到位時劍身不擺不晃，劍與臂在一條線上，與肩同高，力達劍刃，意在劈擊對方頭部、肩部。例如，龍形劍中的轉身弓步劈劍（泰山壓頂）、提膝掛劈（力劈華山）、蓋步劈劍（彩雲追

月）、轉身劈劍（流星趕月）、翻身提膝掄劈（蛟龍翻江）等式。

7. 掛　劍

掛劍時，劍與臂需保持合適的角度，使劍尖向下向後貼近身體繞動，用於掛開來自向頭部和下肢攻擊的兵器或拳腳。注意腰的轉動與劍的貼身向下向後掛出配合協調一致。例如，龍形劍中的提膝掛劈（力劈華山）、退步掛提膝反刺（搖櫓泛舟）等式。

8. 撩　劍

力點貫注在劍刃前端，一般是由下向上，以腰帶動腿與手的合力撩擊，分前撩後撩。手腕鬆活，以腰帶臂，用力柔和，劍尖畫弧，劍面貼身，劍走立圓，劍尖略低。例如，龍形劍中的虛步撩架（童子獻書）、行步撩劍（踏雪尋梅）等。

9. 穿　劍

穿劍是立劍或平劍，以劍尖領先，沿腿、手臂或身體旁向不同方向穿出，臂由屈而伸，力點在劍尖，動作協調，幅度要大。注意穿劍時，劍不要遠離自己的身體。例如，龍形劍中的轉身弓步穿刺（指南金針）等式。

10. 架　劍

「架」是招架，是在架劍完成瞬間承接住對方來力。架劍時，劍在頭側上方架起，手心向外，立劍，

劍身橫平，劍上刃要高過頭，力達劍身中部。例如，龍形劍中的虛步撩架（童子獻書）等。

11. 截　劍

以轉腰帶動，力點貫注在劍身前端，在截劍到位的瞬間注意右手腕部配合截劍時的伸展甩動，一般是由下向上或由上向下，以腕力用劍刃前端截住對方持劍手腕。例如，龍形劍中的提膝下截（春燕剪柳）、圓形步提膝下截（神龍抖甲）、跳雲歇步上截（犀牛望月）等式。

12. 斬　劍

右手仰手握劍，身勢左轉，鬆肩展臂，腕部微內扣，劍身向左平擺，力點在拇指側前刃。注意重心的移動和右臂舒展平斬劍協調一致。例如，龍形劍中的提膝平斬（吳剛伐桂）等式。

13. 掃　劍

劍身要平，動作輕快，力達小指側劍刃前部，高不過膝，身形不要前俯。例如，龍形劍中的提膝平斬（吳剛伐桂）的過度動作，身勢左轉，右手手心向上平握劍，右臂外旋劍刃向左，隨轉體使劍身從右向左水準橫向弧形運動。

14. 撥　劍

右手平劍橫撥，力點在劍前端，右平撥俯手握劍、左平撥仰手握劍，左手要協調配合，動作連貫，眼隨劍

視。例如，龍形劍中的行步撥劍（撥草尋蛇）等式。

15.崩　劍

崩劍與點劍恰好相反，崩劍時鬆肩沉腕，劍尖回崩，勁貫劍尖上鋒，一般是由下向上運用腕力上挑，分為前崩、後崩或側崩。例如，龍形劍中的穿崩行步（專諸端魚），雲轉平衡上崩（毒蠍翹尾）動作中的崩劍。

16.雲　劍

力點在劍刃中部，以力點護面。右手仰手握劍，隨即屈肘內旋上舉，使劍平面從右至左在面前圓形繞環；左手劍指附於右腕內側，或俯手握劍屈肘，臂外旋，使劍平面從左至右在面前圓形繞環。

第四節　重點難度動作

1. 虛步撩架轉身雲步刺劍。
2. 行步撥劍。
3. 16、17、18、19動刺劈大翻。
4. 圓形步提膝下截下刺。
5. 穿崩行步、跳雲歇步上截。
6. 雲轉平衡前刺，望月平衡。
7. 掛穿踢腿後刺。
8. 掄掛崩劍。

第五節　龍形劍套路

一、動作名稱

預備動作

1. 併步持劍（潛淵待躍）
2. 併步接劍（袖藏青蛇）
3. 虛步點劍（龍首下視）
4. 併步壓劍（猛虎掉尾）

第一段

第一組

1. 震腳弓步反刺（巧女紉針）
2. 轉身弓步反劈（泰山壓頂）
3. 提膝反刺（魁星點斗）
4. 提膝掛劈（力劈華山）
5. 弓步撩劍（海底撈月）
6. 仆步穿弓步劈（燕子掠水）
7. 虛步撩架（童子獻書）
8. 轉身弓步穿刺（指南金針）
9. 提膝反刺（魁星點斗）

10. 提膝下截（春燕剪柳）

第二組

11. 仆步平掃提膝刺劍（吳剛伐桂）

12. 行步平撥（撥草尋蛇）

13. 圓形步提膝反刺（烏龍絞柱）

14. 提膝下截（春燕剪柳）

第三組

15. 仆步平掃提膝刺劍（吳剛伐桂）

16. 回身下刺（顧影自盼）

17. 蓋步後劈（彩雲追月）

18. 上步後劈（流星趕月）

19. 翻身提膝掄劈（蛟龍翻江）

第四組

20. 弓步探刺（弩箭穿心）

21. 圓形步提膝下截（神龍抖甲）

22. 圓形步提膝下刺（怒龍攫珠）

第五組

23. 弓步掛劈（裁截崑崙）

24. 提膝反刺（魁星點斗）

25. 提膝前刺（子陵釣魚）

26. 轉身弓步前刺（提壺沽酒）

第六組

27. 圓形步提膝下截（神龍抖甲）

28. 圓形步提膝下刺（怒龍攪珠）

29. 退步掛提膝下刺（搖櫓泛舟）

第二段

第七組

30. 提膝下截（春燕剪柳）

31. 提膝直刺（吳剛伐桂）

32. 行步撩劍（踏雪尋梅）

33. 圓形步提膝反刺（烏龍絞柱）

34. 提膝下截（春燕剪柳）

35. 提膝刺劍（吳剛伐桂）

36. 回身下刺（顧影自盼）

37. 蓋步後劈（彩雲追月）

38. 翻身後劈（流星趕月）

39. 提膝掄劈（蛟龍翻江）

第八組

40. 弓步探刺（弩箭穿心）

41. 圓形步提膝下截（神龍抖甲）

42. 圓形步提膝下刺（怒龍攪珠）

第九組

43. 弓步劈劍（裁截崑崙）

44. 提膝反刺（魁星點斗）

45. 提膝前刺（子陵釣魚）

46. 轉身弓步前刺（提壺沽酒）

第十組

47. 圓形步提膝下截（神龍抖甲）

48. 圓形步提膝下刺（怒龍攫珠）

49. 退步掛提膝反刺（搖櫓泛舟）

第三段

第十一組

50. 穿崩弧形步（專諸端魚）

51. 歇步反撩（犀牛望月）

52. 平衡刺劍（白猿獻果）

53. 平衡上崩（毒蠍翹尾）

54. 弓步反刺（指點江山）

第四段

第十二組

55. 左右掛蓋步劈（餓虎撲食）

56. 掛穿踢腿後刺（麒吐玉書）

57. 掄掛崩劍（游龍回轉）

第十三組

58. 行步雲扣腿上截（撥雲見日）

59. 插步後截（平沙落雁）

60. 弓步反刺（黃蜂入洞）

61. 轉身弓步反劈（泰山壓頂）
62. 後穿崩劍（金蛇伏穴）
63. 震腳點劍（紫燕啄泥）
64. 上步虛步接劍（蘇秦背劍）
65. 退步併步收勢（江海凝光）

二、動作詳解

預備動作

1. 併步持劍（潛淵待躍）

併步直立，左手反臂持劍，右手五指併攏貼靠右腿側，掌指朝下，意識集中。目視前方（圖1–1）。

2. 併步接劍（袖藏青蛇）

兩臂經側平舉後，以肘關節為軸交接於胸前，左手心向外，右手心向內接握劍柄。目視前方（圖1–2）。

圖1–1   圖1–2

3. 虛步點劍（龍首下視）

左腿向前伸出半步，腳尖點地，右腿彎曲下坐成左虛步。同時，右手持劍向前下點出，左臂內旋向後伸出，手心朝上，劍指指向後方。目視劍尖（圖1-3）。

4. 併步壓劍（猛虎掉尾）

左腳前移上半步，右腳上步成併步。同時，右手持劍於右側做外剪腕花後，置於右髖側，立劍，劍尖向前；左手經胸前上架與頭左側上方，手心向上，劍指向右。目視前方（圖1-4）。

圖1-3

圖1-4

第一段

1. 震腳弓步反刺（巧女紉針）

（1）右臂持劍，手臂外旋，經前向左平抹，身

體略左轉，手心向前，劍尖向左，左手劍指附於右小臂內側。

（2）右腳略提起下震，左腿屈膝提起。同時，右手臂內旋持劍向右抽帶，劍略高於頭，劍尖向左；左手劍指向左側伸指，劍指向上，手心向左（圖1-5）。

（3）左腳向左落成左弓步。同時，右手持劍，立劍向左反刺，劍尖略朝下，力達劍尖，左手劍指附於右手腕內側。目視劍尖（圖1-6）。

圖1-5

圖1-6

【要點】

右臂內旋回抽劍、提左腳、左手前指同時動作，協調一致；出腳刺劍、回抽左手同時動作，協調一致。

2. 轉身弓步反劈（泰山壓頂）

身體右轉成右弓步。同時，右手持劍向右平劈，左劍指經胸前向下、向左、向上架起，手心向上，劍指向右。目視劍尖（圖1-7）。

【要點】

動作協調一致。劈劍要快速有力。右臂向左劈劍時，左手劍指在劍走後再走，劍劈下時同時劍指上架於頭頂。

圖1-7

3. 提膝反刺（魁星點斗）

（1）右腿後撤成左仆步。同時，右手臂外旋屈腕，使劍尖沿右腿內側向右穿出；左手臂向左伸出，手心向前，劍指向左（圖1-8、圖1-9）。

（2）不停，重心右移，經右弓步後直立，左腿屈膝提起。同時，右手持劍，使劍尖經上向左反刺後置於頭左側上；左劍指收附於右大臂內側，手心向外。目視劍尖（圖1-10）。

圖 1-8

圖 1-9

【要點】

　　仆步後穿幅度要大。
仆步穿劍變弓步時左手劍
指同時向左伸出，提膝刺
劍，左手回抽動作要協調
一致，快速有力，左膝儘
量上提，右肩、劍向前伸
探。

圖 1-10

4. 提膝掛劈（力劈華山）

（1）左腳外展下落。同時，右手持劍向下、向左掛起；左手插於右腋下，手心向右，劍指朝上（圖1-11）。

（2）不停，右腳繼續向前上步直立，左腿屈膝提起。同時，右手持劍，經上向右平劈；左劍指經下、左上架於頭左上，手心向上，劍指向右。目視右側（圖1-12）。

【要點】

掛劍上身隨掛側俯，劈劍要快速有力，劍指與右手要左右呼應。

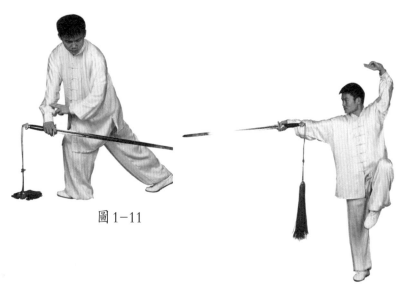

圖1-11

圖1-12

5. 弓步撩劍（海底撈月）

左腳向左落步，右腳繼續向前上步成右弓步。同時，右手持劍經下向前撩出，手臂外旋，手心向外；左手經右肩前向下、向前、向上架起，手心向上，劍指向右。目視前方（圖1–13、圖1–14）。

【要點】

腰隨劍行，左右協調配合，落左腳時左手劍指也同時由下向左、向上架起。

圖1–13

圖1–14

6. 仆步穿弓步劈（燕子掠水）

（1）右腿後撤成左仆步。同時，右手臂外旋屈腕，使劍尖沿右腿內側向右穿出；左手臂向左伸出，手心向前，劍指向左（圖1–15）。

圖1-15

（2）重心右移成右弓步，隨之左轉成左弓步。同
時，右手持劍經右向上、向左平劈，左劍指附於右小臂
內側，手心朝右，劍指朝上。目視前方（圖1-16）。

圖1-16

【要點】

動作協調，幅度要大，轉劈要快，左右手呼應。

7. 虛步撩架（童子獻書）

重心後移，右腳外展，隨身體右轉，左腳前伸成右虛步。同時，右手持劍，經下、右撩後上架於頭右側上方，手心向外，劍尖向前；左劍指前伸，手心向前，劍指向上。目視前方（圖1-17、圖1-18）。

【要點】

撩架要以肩為軸，腰隨劍行。

圖1-17　　　　　　　　圖1-18

8. 轉身弓步穿刺（指南金針）

（1）左腳內扣踏實，身體右轉180度後右腳後撤成右仆步。同時，右手持劍外旋，經下沿大腿內側向右穿出，左劍指仍附於右手腕（圖1-19、圖1-20）。

（2）不停，重心右移成右弓步。同時，右手持劍繼續向前直刺成立劍，左劍指經下向後伸出，劍指向後。目視前方（圖1-21）。

圖1-19

圖1-20

圖1-21

【要點】

穿劍要經仆步後轉穿刺，要協調、連貫、靈快；腰力跟上，眼隨劍行。

9. 提膝反刺（魁星點斗）

右腿直立，左腿屈膝提起。同時，右手持劍，使劍尖經上向左反刺後置於頭左側上；左劍指收附於右大臂內側，手心向外。目視劍尖（圖1-22）。

圖1-22　　　　　　　圖1-23

【要點】

蹬、轉、提刺要快捷，右肩、臂、劍均向前伸探；力點在劍尖。

10. 提膝下截（春燕剪柳）

接上動，右手持劍，使劍尖經右向前下截擊落於小腹前，手心斜朝上，劍尖斜朝下；左臂經左向下落於右手腕內側，手心向下。目視前下方（圖1-23）。

【要點】

截劍要抖腕有力，力點在劍前段，動作要快捷，有合力。

11. 仆步平掃提膝刺劍（吳剛伐桂）

（1）左腳向左側落步，右腿屈膝全蹲成仆步。同時，左劍指經左腋下、後背、臀部沿左腿外側穿出，右手持劍向左平掃，手心向上（圖1-24、圖1-25）。

圖1-24

圖1-25

圖1-26

（2）重心移至左腿直立，右腿屈膝提起。右手持劍向前方平刺，手心向上，左手劍指上架至頭左側上方。目視前方（圖1-26）。

【要點】

要經過仆步，動作要協調；仆步掃和提膝刺要連貫一氣；提膝刺時手臂微屈。

12. 行步平撥（撥草尋蛇）

（1）右腳向右前落步，左右腳依次向前行步。同時，右手臂內旋至手心向下，下落於與腰同高，隨行步向右平抹；左劍指下落附於右手手腕，手心向下（圖1–27～圖1–29）。

圖1–27　　　　　　　　圖1–28

圖1–29

（2）左右腳依次向左前方行三步。同時，右手臂外旋至手心向上，隨行步向左平抹，左手向左、向上畫弧至頭左側上方（圖1-30～圖1-32）。

（3）右左腳依次向右前行三步。同時，右手臂內旋至手心向下，隨行步向右平抹；左劍指下落附於右手手腕，手心向下（圖1-33～圖1-35）。

圖1-30

圖1-31

圖1-32

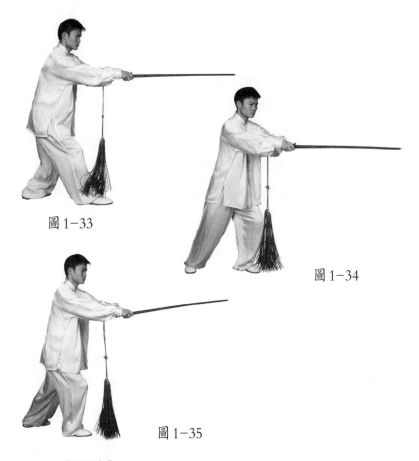

圖1-33

圖1-34

圖1-35

【要點】

　　行步走S形，右3步，左3步，再右3步，共9步。行步要求平穩，步、身、劍、左手要協調配合。轉身以腰帶動，動作連貫，劍身合一，眼隨劍視。

　　13. 圓形步提膝反刺（烏龍絞柱）

　　（1）左腳繼續向左前上一步，腳外展落地。同時，右手臂外旋向左前刺出，左手劍指屈肘收於左肩

前。目視劍尖（圖1-36）。

（2）右腳繼續向左前上一步。同時，上體向原刺劍方向側探，左劍指經左腋下沿上體左側後方穿下（圖1-37）。

（3）左腳繼續向左前上一步，身體沿縱軸向左擰轉180度（圖1-38、圖1-39）。

（4）右腳繼續向左前上一步，同時上體順勢抬起（圖1-40）。

（5）重心右移，左腿屈膝提起。同時，右手持劍，使劍尖經上向左反刺後置於頭左側上；左劍指收附於右大臂內側，手心向外。目視劍尖（圖1-41）。

【要點】

向左走小圓，從左腳開始，到右腳落步共四小步。注意後仰翻轉成反弓形，身、肩、臂、劍隨步向同一方向旋轉，劍向後直臂伸探，全身各部要協調配

圖1-36

圖1-37

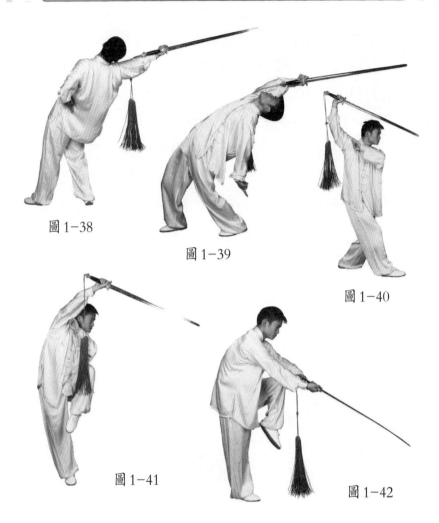

圖 1-38

圖 1-39

圖 1-40

圖 1-41

圖 1-42

合。提膝刺劍要迅速，連貫不斷，舒展柔和。

14. 提膝下截（春燕剪柳）

接上動，右手持劍，使劍尖經右向前下截擊落於小腹前，手心斜朝上，劍尖斜朝下；左臂經左向下落於右手腕內側，手心向下。目視前下方（圖1-42）。

【要點】

截劍時，左手附於右臂內側，要抖腕有力，力點在劍前段，動作要快捷，有合力。

15.仆步平掃提膝刺劍（吳剛伐桂）

（1）左腳向左側落步，右腿屈膝全蹲成仆步。同時，左劍指經左腋下、後背、臀部沿左腿外側穿出，右手持劍向左平掃，手心向上（圖1–43）。

（2）重心移至左腿，直立，右腿屈膝提起。右手持劍向前方平刺，手心向上，左手劍指上架至頭左側上方。目視前方（圖1–44）。

圖1–43

【要點】

提膝刺劍要經過仆步，動作要協調；仆步掃和提膝要連貫一氣。

圖1–44

16. **回身下刺**（顧影自盼）

右腳外展前落。同時，右手臂外旋屈腕向後下刺，左手劍指先合於右手腕，隨刺劍向左側上方伸出。目視右下方（圖1–45）。

17. **蓋步後劈**（彩雲追月）

左腳向右蓋步。同時，右手持劍，手臂外旋經上向左、下劈，左手經上下落附於右手手腕。目視左側下方（圖1–46）。

圖1–45　　　　　　圖1–46

18. **上步後劈**（流星趕月）

右腳向右前上步，腳外展。同時，右手持劍，經前、上向後劈劍，左劍指上架頭左側上方，手心朝上，劍指朝右。目視右後（圖1–47）。

【要點】

劈劍時畫立圓，動作要快速連貫。

圖1-47　　　　　　　　　　　圖1-48

圖1-49　　　　　　　　　　　圖1-50

19. 翻身提膝掄劈（蛟龍翻江）

（1）左腳向左前上步外展。同時，右手持劍，經下向前撩出，左劍指向側後引出（圖1-48）。

（2）不停，右腳向左前扣落，身體左後轉體180度，隨即左腿屈膝提起。同時，右手持劍，隨轉體向前掄劈；左劍指經下、後上架於頭左側上方，手心朝上，劍指向右。目視右側（圖1-49、圖1-50）。

【要點】

（1）上步翻身掄劈要協調、連貫、齊整。

（2）16～19動作是一連貫組合，要求翻轉刺劈連貫、協調、快速有力，肩腰舒伸，配合得當。

20. **弓步探刺**（弩箭穿心）

左腳向左前下落成左弓步。同時，右手持劍，經右腰側外旋探刺，左手內旋經下向後擺起，手心朝上，劍指朝後。目視左前方（圖1-51）。

【要點】

右肩、右臂、劍旋轉向前伸探，力點在劍尖。

21. **圓形步提膝下截**（神龍抖甲）

（1）右腳向前外擺上步，向右後擰髖轉體。同時，右臂外旋，左臂內旋。目視劍尖（圖1-52）。

圖1-51

圖1-52

（2）左腳向右前上步扣落。同時，右手持劍外旋伸出，左臂從右臂下向前插伸（圖1-53）。

（3）右腳向右上步擺落。左手劍指繼續前伸，身體向後仰。目視劍指（圖1-54）。

圖1-53　　　　　　　　　　　　圖1-54

（4）左腳向右前上步扣落，上體沿縱軸向右擰轉。目視劍尖（圖1-55）。

（5）右腿向前上步，挺直站穩，左腿提膝。同時，右臂內旋，劍向右下截，左劍指上架。眼視右下方（圖1-56）。

【要點】

走一小圓，從右腳上步開始，到落右腳提膝，共三小步。注意後仰翻轉成反弓形，身、肩、臂、劍隨步向同一方向旋轉，劍向後直臂伸探，全身各部要協

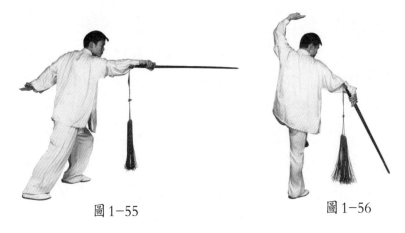

圖1-55　　　　　　　　　　圖1-56

調配合，連貫不斷，舒展柔和。

22.**圓形步提膝下刺**（怒龍攪珠）

（1）左腳向左前外展落地。同時，右手持劍臂外旋抬平，手心朝上；左手劍指下落於左胸前，手心朝下。目視劍尖（圖1-57）。

圖1-57

（2）右腳繼續向左前上一步。同時，上體向原刺劍方向側探，左劍指經左腋下沿上體左側後方穿下

（圖1-58）。

（3）左腳繼續向左前上一步，身體沿縱軸向左擰轉180度。同時，右手持劍略往右抽回，左劍指向前下抬起。目視左前方（圖1-59）。

（4）右腳繼續向左前上一步。同時，上體順勢抬起，右手持劍向右抽回於右肩側，手心朝外，劍尖朝左前上，左劍指抬指左前方。目視劍指（圖1-60）。

圖1-58

圖1-59　　　　　　　　圖1-60

（5）右腿站立挺直，左腿屈膝提起。同時，右手持劍向左前反手探刺，左劍指經下、後上架於頭左側上方，手心向上，劍指向右。目視右下方（圖1-61）。

【要點】

走一小圓，由左腳開始到右腳落地共四小步。右臂外旋儘量向後直伸，上身向後翻轉要形成反弓形，上身後仰扭轉和行步各部位要協調配合，連貫和順，力點在劍尖。獨立刺劍要整合乾脆。

23. 弓步掛劈（裁截崑崙）

（1）左腳向前外展下落。同時，右手持劍向下、向左掛起，左手插於右腋下，手心向右，劍指朝上（圖1-62）。

圖1-61　　　　　　　　　圖1-62

（2）不停，右腳繼續向前上一大步，成右弓步。同時，右手持劍經上向右平劈，左劍指經下、左上架與

頭左上，手心向上，劍指向右。目視右側（圖1-63）。

24. 提膝反刺（魁星點斗）

（1）右腿後撤成右仆步。同時，右手臂外旋屈腕，使劍尖沿右腿內側向右穿出；左手臂向左伸出，手心向前，劍指向左（圖1-64）。

圖1-63

圖1-64

（2）不停，重心右移，經右弓步後直立，左腿屈膝提起。同時，右手持劍，使劍尖經上向左反刺後置於頭左側上，左劍指收附於右大臂內側，手心向外。目視劍尖（圖1-65）。

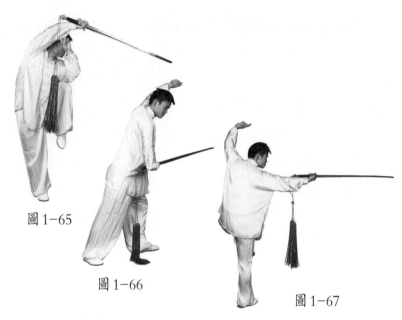

圖1-65

圖1-66

圖1-67

【要點】

提膝收腹、前探刺劍要協調一致；刺劍要有力度。

25.提膝前刺（子陵釣魚）

（1）左腳落實。同時，右手臂外旋，使劍尖沿右腰、腹前向前弧形穿出，左劍指經右肩向下、向左擺起（圖1-66）；

（2）不停，右腳向前上步直立，左腿屈膝提起。同時，右手持劍向前平刺，左手上架於頭左側上方，手心向上，劍指朝右。目視右側（圖1-67）。

【要點】

屈臂劍在胸腹前絞一小圓時，要收腹含胸，巧妙靈活，刺劍有力。

26. 轉身弓步前刺（提壺沽酒）

身體左轉，左腳向左側外展下落，右腳繼續向前上一大步成右弓步。同時，右手持劍內旋屈腕，使劍尖向左、向前刺出；左劍指經左腋下沿上體左側後方穿下，上架於頭左側上方，手心向上，劍指向右。目視前方（圖1–68、圖1–69）。

【要點】

以腰為主，轉身收劍要動作協調、靈快、柔和、連貫。

圖1–68　　　　　　　　　　　　圖1–69

27. 圓形步提膝下截（神龍抖甲）

（1）左腳向前外擺上步，向右後擰髖轉體。同時，右臂內旋，左臂內旋。目視劍尖（圖1–70）。

（2）右腳向右前上步擺落。同時，右手持劍外旋伸出，左臂從右臂下向前插伸（圖1–71）。

圖1-70

圖1-71

圖1-72

　　（3）左腳向右上步扣落。左手劍指繼續前伸，身體向後仰。目視劍指（圖1-72）。

　　（4）右腳向右前上步擺落，上體沿縱軸向右擰轉。目視劍尖（圖1-73）。

圖1-73

圖1-74

（5）右腿挺直站穩，左腿提膝。同時，右臂內旋，劍向右下截，左劍指上架。眼視右下方（圖1-74）。

【要點】

從右腳外擺、上左腳、落右腳共三步一小圓，上身後仰，右臂伸

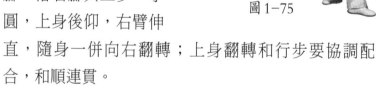

圖1-75

直，隨身一併向右翻轉；上身翻轉和行步要協調配合，和順連貫。

28.圓形步提膝下刺（怒龍攪珠）

（1）左腳向左前外展落地。同時，右手持劍臂外旋抬平，手心朝上；左手劍指下落於左胸前，手心朝下。目視劍尖（圖1-75）。

（2）右腳繼續向左前上一步。同時，上體向原刺劍方向側探，左劍指經左腋下沿上體左側後方穿下（圖1-76）。

（3）左腳繼續向左前上一步，身體沿縱軸向左擰轉180度。同時，右手持劍略往右抽回，左劍指向前下抬起。目視左前方（圖1-77）。

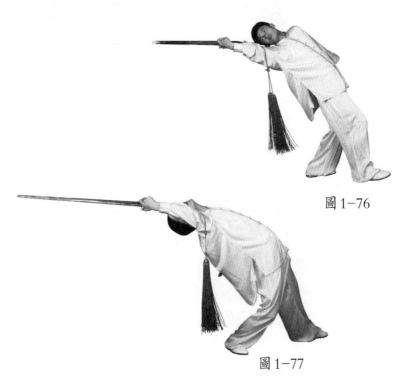

圖1-76

圖1-77

（4）右腳繼續向左前上一步。同時，上體順勢抬起，右手持劍向右抽回於右肩側，手心朝外，劍尖朝左前上，左劍指抬指左前方。目視劍指（圖1-78）。

圖1-78

圖1-79

（5）右腿站立挺直，左腿屈膝提起。同時，右手持劍向左前反手探刺，左劍指經下、後上架於頭左側上方，手心向上，劍指向右。目視右下方（圖1-79）。

【要點】

走一小圓，由左腳開始到右腳落地共四小步。右臂外旋儘量向後直伸，上身向後翻轉要形成反弓形；上身後仰扭轉和行步各部位要協調配合，連貫和順，力點在劍尖。獨立刺劍要整合乾脆。

29.退步掛提膝下刺（搖櫓泛舟）

（1）左腳後撤。同時，右手持劍，屈腕使劍尖經下向左、向上掛起，左手劍指附於右手腕（圖1-80）。

（2）右腳後撤。同時，右手持劍經上向右後掛起，左手劍指向左前伸出（圖1-81）。

（3）不停，右腿直立，左腿屈膝提起。同時，右

手持劍，使劍尖經上向左反刺後置於頭左側上，左劍指收附於右大臂內側，手心向外。目視劍尖（圖1-82）。

【要點】

退步動作要舒展連貫、刺劍合整，左右手相呼應。

圖1-80

圖1-81　　　　圖1-82

第二段

30. 提膝下截（春燕剪柳）

接上動，右手持劍，使劍尖經右向前下截擊落於

圖1-83　　　　　　　　　圖1-84

小腹前，手心斜朝上，劍尖斜朝下；左臂經左向下落於右手腕內側，手心向下。目視前下方（圖1-83）。

【要點】

截劍要抖腕有力，力點在劍前段，動作要快捷，有合力。

31. 提膝直刺（吳剛伐桂）

（1）左腳向左側落步，右腿屈膝全蹲成仆步。同時，左劍指經左腋下、後背、臀部沿左腿外側穿出；右手持劍向左平掃，手心向上（圖1-84）。

（2）重心移至左腿，直立，右腿屈膝提起。右手持劍向前方平刺，手心向上，左手劍指上架至頭左側上方。目視前方（圖1-85）。

【要點】

提膝直刺要經過仆步，動作要協調；仆步掃和提膝要連貫一氣。

圖1-85　　　　　　圖1-86

圖1-87　　　　　　圖1-88

32. 行步撩劍（踏雪尋梅）

（1）右腳向右前落步，左右腳依次向前行步。同時，右手持劍，經左、後向右前撩劍；左手劍指附於右手腕內側，手心向右，劍指向上。目視右下方（圖1-86～圖1-88）。

（2）左右腳依次向左前方行三步。同時，右手持劍，向右、後經下向左前撩出；左手劍指經下、後向

頭左側上方架起，手心向上，劍指朝右。目視左前
（圖1-89～圖1-92）。

圖1-89　　　　　　　　　　　　圖1-90

圖1-91　　　　　　　　　　　　圖1-92

（3）右左腳依次向右前行三步。同時，右手持
劍，於右、左各撩劍一周；左手劍指附於右手腕內側，
手心向右，劍指向上。目視右下（圖1-93～圖1-95）。

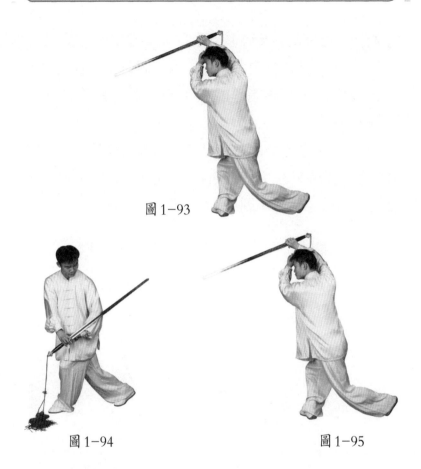

圖1-93

圖1-94　　　　　　　　　圖1-95

【要點】

　　行步走S字形，右3左3右3共9步。行步要求平穩，步、身、劍、左手要協調配合，轉身以腰帶動，動作連貫，劍身合一，眼隨劍視。

33. 圓形步提膝反刺（烏龍絞柱）

　　（1）左腳向左前外展落地。同時，右手持劍，手臂外旋抬平，手心朝上；左手劍指下落於左胸前，手

心朝下。目視劍尖（圖1-96）。

（2）右腳繼續向左前上一步。同時，上體向原刺劍方向側探，左劍指經左腋下沿上體左側後方穿下（圖1-97）。

（3）左腳繼續向左前上步，身體沿縱軸向左擰轉180度。同時，右手持劍略往右抽回，左劍指向前下抬起。目視左前方（圖1-98～圖1-100）。

圖1-96　　　　　　　　　　　　　圖1-97

圖1-98

圖1-99

圖1-100

（4）右腳繼續向左前上一步。同時，上體順勢抬起，右手持劍向右抽回於右肩側，手心朝外，劍尖朝左前上，左劍指抬指左前方。目視劍指（圖1-101）。

（5）右腿站立挺直，左腿屈膝提起。同時，右手持劍向左前反手探刺，左劍指經下、後上架於頭左側上方，手心向上，劍指向右。目視右下方（圖1-102）。

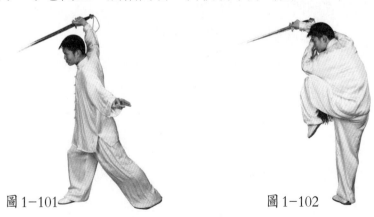

圖1-101

圖1-102

【要點】

向左走小圓，從左腳開始，到右腳落步共四小步。注意後仰翻轉成反弓形，身、肩、臂、劍隨步向同一方向旋轉，劍向後直臂伸探，全身各部要協調配合，提刺迅速，連貫不斷，舒展柔和。

34. 提膝下截（春燕剪柳）

接上動，右手持劍，使劍尖經右向前下截擊落於小腹前，手心斜朝上，劍尖斜朝下；左臂經左向下落於右手腕內側，手心向下。目視前下方（圖1-103）。

【要點】

截劍要抖腕有力，力點在劍前段，動作要快捷，有合力。

圖1-103

35. 提膝刺劍（吳剛伐桂）

（1）左腳向左側落步，右腿屈膝全蹲成仆步。同時，左劍指經左腋下、後背、臀部沿左腿外側穿出；右手持劍向左平掃，手心向上（圖1-104）。

（2）重心移至左腿，直立，右腿屈膝提起。右手持劍向前方平刺，手心向上，左手劍指上架至頭左側上方。目視前方（圖1-105）。

圖1-104

圖1-105

圖1-106

【要點】

提膝下截要經過仆步，動作要協調；仆步掃和提膝要連貫一氣。

36. 回身下刺（顧影自盼）

右腳外展前落。同時，右手臂外旋屈腕向後下刺，左手劍指先合於右手腕，隨刺劍向左側上方伸出。目視右下方（圖1-106）。

37. 蓋步後劈（彩雲追月）

左腳向右蓋步。同時，右手持劍，手臂外旋經上向左、下劈，左手經上下落附於右手手腕。目視左側下方（圖1-107）。

38. 翻身後劈（流星趕月）

右腳向右前上步，腳外展。同時，右手持劍，經前、上向後劈劍，左劍指上架於頭左側上方，手心朝上，劍指朝右。目視右後（圖1-108）。

【要點】

動作要快速連貫。

圖1-107　　　　　　　　　　　　圖1-108

39. 提膝掄劈（蛟龍翻江）

（1）左腳向左前上步外展。同時，右手持劍經下向前撩出，左劍指向側後引出（圖1-109）。

（2）不停，右腳向左前扣落，身體左後轉體180

度，隨即左腿屈膝提起。同時，右手持劍隨轉體向前掄劈，左劍指經下、後上架於頭左側上方，手心朝上，劍指向右。目視右側（圖1–110、圖1–111）。

【要點】

36～39動作是一連貫組合，要求翻轉刺劈連貫、協調、快速有力，肩腰舒伸，配合得當。

圖1–109　　　　　　　圖1–110

圖1–111

40. 弓步探刺（弩箭穿心）

左腳向左前下落成左弓步。同時，右手持劍，經右腰側外旋探刺，左手內旋經下向後擺起，手心朝上，劍指朝後。目視左前方（圖1-112）。

【要點】

右肩、右臂、劍旋轉向前伸探，力點在劍尖。

41. 圓形步提膝下截（神龍抖甲）

（1）右腳向前外擺上步，向右後擰髖轉體。同時，右臂內旋，左臂內旋。目視劍尖（圖1-113）。

圖1-112

圖1-113

（2）左腳向右前上步扣落。同時，右手持劍外旋伸出，左臂從右臂下向前插伸（圖1-114）。

圖1-114

（3）右腳向右上步擺落。左手劍指繼續前伸，身體向後仰。目視劍指（圖1-115）。

圖1-115

（4）上體沿縱軸向右擰轉，左腳向右前上步扣落。目視劍尖（圖1-116、圖1-117）。

圖 1-116

圖 1-117

圖 1-118

（5）右腿向前上步挺直站穩，左腿提膝。同時，右臂內旋，劍向右下截，左劍指上架。眼視右下方（圖1-118）。

【要點】

走一小圓，從右腳上步開始，到落右腳提膝，共三小步。注意後仰翻轉成反弓形，身、肩、臂、劍隨步向同一方向旋轉，劍向後直臂伸探。全身各部要協調配合，連貫不斷，舒展柔和。

42. 圓形步提膝下刺（怒龍攫珠）

（1）左腳向左前外展落地。同時，右手持劍，臂外旋抬平，手心朝上；左手劍指下落於左胸前，手心朝下。目視劍尖（圖1-119）。

圖1-119

圖1-120

圖1-121

（2）右腳繼續向左前上一步。同時，上體向原刺劍方向側探，左劍指經左腋下沿上體左側後方穿下（圖1-120）。

（3）左腳繼續向左前上一步，身體沿縱軸向左擰轉180度。同時，右手持劍略往右抽回，左劍指向前下抬起。目視左前方（圖1-121）。

（4）右腳繼續向左前上一步。同時，上體順勢抬

起，右手持劍向右抽回於右肩側，手心朝外，劍尖朝左前上，左劍指抬指左前方。目視劍尖（圖1-122）。

（5）右腿站立挺直，左腿屈膝提起。同時，右手持劍向左前反手探刺，左劍指經下、後上架於頭左側上方，手心向上，劍指向右。目視右下方（圖1-123）。

【要點】

走一小圓，由左腳開始到右腳落地共四小步。右臂外旋儘量向後直伸，上身向後翻轉要形成反弓形，上身後仰扭轉和行步各部位要協調配合，連貫和順，力點在劍尖。獨立刺劍要整合乾脆。

圖1-122

圖1-123

43. 弓步劈劍（裁截崑崙）

（1）右手持劍向下、向左掛起，左手插於右腋下，手心向右，劍指朝上（圖1-124）。

（2）左腳向前外展下落，不停，右腳繼續向前

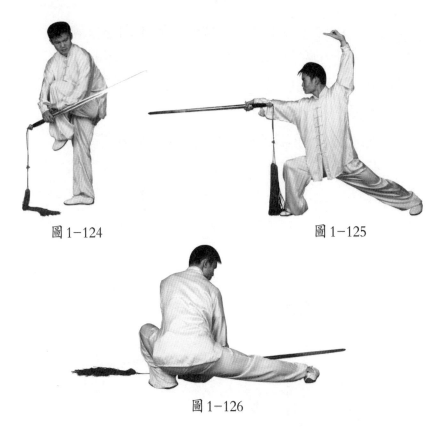

圖 1-124　　　　　　　　　　圖 1-125

圖 1-126

上一大步，成右弓步。同時，右手持劍經上向右平
劈，左劍指經下、左上架與頭左上，手心向上，劍指
向右。目視右側（圖1-125）。

44. 提膝反刺（魁星點斗）

（1）右腿後撤成左仆步。同時，右手臂外旋屈
腕，使劍尖沿右腿內側向右穿出；左手臂向左伸出，
手心向前，劍指向左（圖1-126）。

（2）不停，重心右移，經右弓步後直立，左腿屈

膝提起。同時，右手持劍，使劍尖經上向左反刺後置於頭左側上，左劍指收附於右大臂內側，手心向外。目視劍尖（圖1-127）。

【要點】

提膝收腹、前探刺劍要協調一致；刺劍要有力度。

45. 提膝前刺（子陵釣魚）

（1）左腳落實。同時，右手臂外旋，使劍尖沿右腰、腹前向前弧形穿出，左劍指經右肩向下、向左擺起（圖1-128）。

圖1-127　　　　　圖1-128

（2）不停，右腳向前上步直立，左腿屈膝提起。同時，右手持劍向前平刺，左手上架於頭左側上方，手心向上，劍指朝右。目視右側（圖1-129）。

【要點】

屈臂，劍在胸腹前絞一小圓時，要收腹含胸、巧

圖1-129　　　　　　圖1-130

圖1-131

妙靈活、刺劍有力。

46. 轉身弓步前刺（提壺沽酒）

身體左轉，左腳向左側外展下落，右腳繼續向前上一大步，成右弓步。同時，右手持劍內旋屈腕，使劍尖向左、向前刺出；左劍指經左腋下沿上體左側後方穿下，上架於頭左側上方，手心向上，劍指向右。目視前方（圖1-130、圖1-131）。

【要點】

以腰為主，轉身收劍要動作協調、靈快、柔和、連貫。

47. 圓形步提膝下截（神龍抖甲）

（1）左腳向前外擺上步，向右後擰髖轉體。同時，右臂外旋，左臂內旋。目視劍尖（圖1–132）。

（2）右腳向右前上步扣落。同時，右手持劍內旋伸出，左臂從右臂下向前插伸（圖1–133）。

圖1–132

圖1–133

（3）左腳向右上步擺落。左手劍指繼續前伸，身體向後仰。目視劍指（圖1–134）。

（4）左腳向右前上步扣落，上體沿縱軸向右擰轉。目視劍尖（圖1–135）。

（5）右腿向前上步，挺直站穩，左腿提膝。同

圖 1-134

圖 1-135

圖 1-136

時，右臂內旋，劍向右下截，左劍指上架。眼視右下
方（圖1-136）。

【要點】

從右腳外擺、上左腳、落右腳共三步一小圓；上
身後仰，右臂伸直，隨身一併向右翻轉；上身翻轉和
行步要協調配合，和順連貫。

48. 圓形步提膝下刺（怒龍攪珠）

（1）左腳向左前外展落地。同時，右手持劍臂外旋抬平，手心朝上；左手劍指下落於左胸前，手心朝下。目視劍尖（圖1-137）。

（2）右腳繼續向左前上一步。同時，上體向原刺劍方向側探，左劍指經左腋下沿上體左側後方穿下（圖1-138）。

（3）左腳繼續向左前上一步，身體沿縱軸向左擰轉180度。同時，右手持劍略往右抽回，左劍指向前下抬起。目視左前方（圖1-139）。

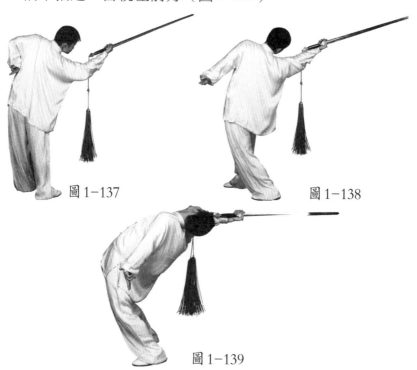

圖1-137　　　　　　　　　　圖1-138

圖1-139

（4）右腳繼續向左前上一步。同時，上體順勢抬起，右手持劍向右抽回於右肩側，手心朝外，劍尖朝左前上，左劍指抬指左前方。目視劍指（圖1-140）。

（5）右腿站立挺直，左腿屈膝提起。同時，右手持劍向左前反手探刺，左劍指經下、後上架於頭左側上方，手心向上，劍指向右。目視右下（圖1-141）。

【要點】

走一小圓，由左腳開始到右腳落地共四小步。右臂外旋儘量向後直伸，上身向後翻轉要形成反弓形。上身後仰扭轉和行步各部位要協調配合，連貫和順，力點在劍尖。獨立刺劍要整合乾脆。

圖 1-140

圖 1-141

49. 退步掛提膝反刺（搖櫓泛舟）

（1）左腳後撤步。同時，右手持劍屈腕，使劍尖

經下向左、向上掛起，左手劍指附於右手腕（圖1-142）。

（2）右腳後撤。同時，右手持劍，經下、向右後掛起，左手劍指向左前伸出（圖1-143）。

（3）不停，右腿直立，左腿屈膝提起。同時，右手持劍，使劍尖經上向左反刺後置於頭左側上，左劍指收附於右大臂內側，手心向外。目視劍尖（圖1-144）。

【要點】

仆步要下勢，動作要舒展連貫，刺劍合整。

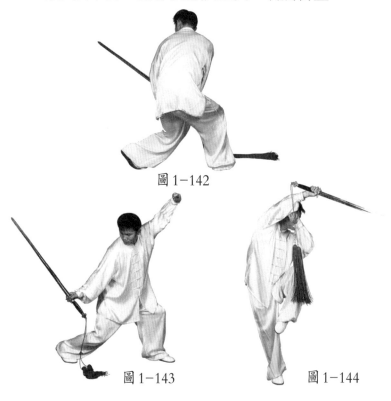

圖1-142

圖1-143　　　　圖1-144

第三段

50. 穿崩弧形步（專諸端魚）

（1）左腳向左前落步，右腳向右前外展落步。同時，右手持劍，手臂外旋，使劍尖經腹前向左、向前、向右穿出，手心向上，左手經下向左上架於頭左側上方。目視前方（圖1-145、圖1-146）。

（2）不停，左右腳依次弧形行六步，上肢動作不變（圖1-147）。

【要點】

弧形步從左腳落地開始，到右腳下落共6步，步

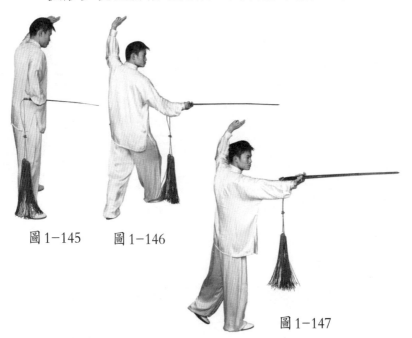

圖1-145　　圖1-146

圖1-147

履要平穩，身體半蹲，上下要協調。

51.歇步反撩（犀牛望月）

（1）右腳蹬地跳起右後轉體360°，左右腳依次落地。同時，右手持劍，由右向後、向左雲劍一周，左劍指附於右手腕，手心向外（圖1–148～圖1–150）。

圖1–148

圖1–149

圖1–150

（2）左腿後插，右腿屈膝下蹲成歇步。右手持劍，經下向右上反撩，左手經下向左上舉至頭左側上方，手心向上，劍指向右。目視右上方（圖1–151）。

【要點】

空中雲轉要協調；歇步扭轉截劍，左手要連貫協調快速。

圖1-151

52. 平衡前刺（白猿獻果）

（1）身體向左後270°。右手持劍，經前向左雲劍一周，左手附於右手腕（圖1-152）。

（2）收右腿併步。左手捧於右手下（圖1-153）。

圖1-152　　　　圖1-153

（3）右腿伸直支撐，左腿後擺繃腳成俯平衡。同時，雙手捧劍前刺。目視前方（圖1-154）。

圖 1-154

【要點】

上身後仰與劍的雲轉要協調一致；舉腿平衡與劍刺要同時動作。

53. 平衡上崩（毒蠍翹尾）

（1）左腳下落，身體左轉90°。同時，右手持劍經上向左下劈，左劍指附於右手腕（圖1-155）。

（2）不停，重心移至右腿，左腿向後繃腳，屈腿抬起，上體略前傾。同時，右手持劍，經下向後、向上挑起，與肩同高，劍尖朝上，左劍指經下向左抬至頭左側上方。目視後方（圖1-156）。

【要點】

扭身崩劍、撩腿架手、扭頭後視要協調一致，同時到位。

54. 弓步反刺（指點江山）

左腳落地伸直，右腿彎曲成右弓步。右手持劍向前

圖 1–155

圖 1–156

圖 1–157

刺出，左手附於右小臂內側。目視前方（圖1–157）。

【要點】

插步、刺劍、左手回抽要同時動作，做到快速、有力、乾脆俐索，同時右臂要向前伸探。

第四段

55. 左右掛蓋步劈（餓虎撲食）

（1）右腳腳尖內扣，身體左轉。右手持劍，屈腕使劍尖經下向左、向上掛起，左手劍指附於右手腕

（圖1-158）。

（2）右腳抬起，外展落地，身體右轉。同時，右手持劍，由左經下向右掛起（圖1-159）。

（3）左腿向右前蓋步。同時，右臂內旋，劍向左後劈，左劍指回附於右手腕上。目視左後方（圖1-160）。

【要點】

動作要協調連貫。

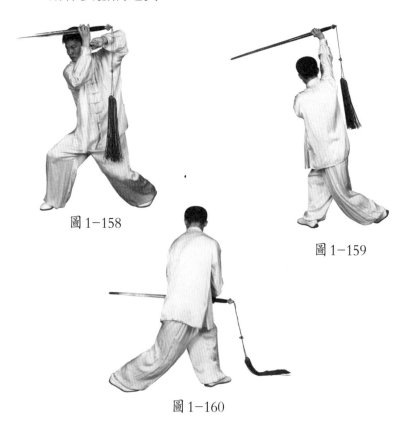

圖1-158

圖1-159

圖1-160

56. 掛穿踢腿後刺（麒吐玉書）

（1）雙腳碾地，身體向右後轉180度。同時，持劍向上撩舉（圖1-161）。

（2）身體右轉，右腳外展。同時，右臂外旋，使劍經下向右掛起，左臂向左伸直（圖1-162）。

圖1-161

圖1-162

（3）左腳向前上步。同時，右臂內旋，使劍經上向前、向下、向後上掛；左臂內旋，屈臂收至右腋下再向左伸，手心向上。

（4）接著左腳以腳掌為軸碾動，使身體向右後轉。右手持劍，使劍尖沿身體右後下落再沿背部向下、向右上立圓繞行掛起；左臂內旋收至左大腿外側，手心向下（圖1-163）。

圖1-163

圖1-164

（5）右腿勾腳上踢。同時，右手持劍，經前向右上後刺，左劍指附於右腕內側，上身向後仰。目視劍刺方向（圖1-164）。

【要點】

後穿轉身要協調；仰身、抬頭、向後探刺、右腿高踢要同時動作，協調一致，要注意左手的配合。

57. 龍掛崩劍（游龍回轉）

（1）右腿後落，腳尖外展，身體右轉。同時，右臂外旋，持劍向右、向後外掛；左臂前伸，手心向上。目視右前方（圖1-165）。

（2）上左腳。右臂內旋，劍由右後下向上掛起；同時，左臂由前向下畫弧（圖1-166）。

（3）上右腳，腳尖內扣，提左膝上身後仰，從左

圖1-165　　　　　　　　　　圖1-166

向右翻轉一周，劍也隨之旋掛一周，左手臂隨之旋轉
（圖1-167）。

（4）左腳前落外擺。劍隨之向左後掛，左手側平
舉（圖1-168）。

圖1-167　　　　　　　　　　圖1-168

（5）上右腳，腳尖外擺。右臂外旋，劍向右後掛（圖1-169、圖1-170）。

（6）上左腳，點地成虛步。同時，右臂內旋，劍向右上架於頭上，左手前指。目視前方（圖1-171）。

【要點】

支撐腿要穩，上身後仰；劍隨身轉掛、翻轉要快穩、協調；劍要走成立圓，崩要抖腕，快速有力。

圖1-169

圖1-170

圖1-171

58. 行步雲扣腿上截（撥雲見日）

（1）左腳向左前落地外展，左前上右腳扣落，左前上左腳外展落地，最後上右腳內扣（圓形步）。同時，右臂內旋，從右向左雲劍一周；左臂屈回，從右臂下向左畫弧。以右腳為軸，身體左後轉（圖1–172～圖1–176）。

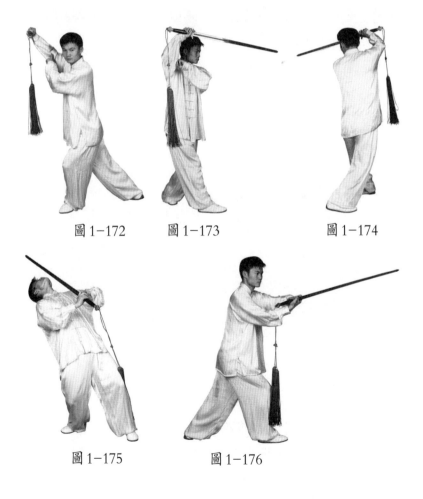

圖1–172　　　　圖1–173　　　　圖1–174

圖1–175　　　　圖1–176

（2）身體左轉，上左腳屈膝半蹲，右腳面扣在左膝彎部。同時，劍向左前上截，左手附於右臂內側。目視劍尖（圖1-177）。

【要點】

向左後走轉一周，共5步；在右腳落地、起左腿時，轉身雲劍，左手配合，轉、雲要快捷；在扣右腿的同時，劍向左上截；整個動作要協調連貫、節奏明顯。

59. 插步後截（平沙落雁）

右腿後撤半步，左腿向右腿後插步。同時，右臂內旋，劍向右後下截；左臂向左前上伸，手心向上。目視右後方（圖1-178）。

圖1-177　　　　　圖1-178

60. 弓步反刺（黃蜂入洞）

左腳向左前上步，成左弓步。同時，右臂持劍，

經頭上向左前反刺，手心向外，左手附於右肩內側。
目視劍尖（圖1–179）。

圖1–179

61. 轉身弓步反劈（泰山壓頂）

重心右移，成右弓步。同時，右臂外旋，劍從左
向右反劈，左手上架。眼看劍尖（圖1–180）。

圖1–180

62.後穿崩劍（金蛇伏穴）

（1）右臂回屈上舉，左手附於右小臂內側，右臂內旋，右仆步穿劍；同時，左臂外旋，向左側伸，手心向上。

（2）而後上身向右後轉，在成右弓步的同時，劍向上崩，左手附於右小臂內側。目視正前方（圖1-181）。

【要點】

後穿要經過仆步，要轉肩旋臂；崩劍要抖腕。

圖1-181

63.震腳點劍（紫燕啄泥）

（1）右手臂外旋再內旋，使劍沿右外側由前向後、向上前繞一周；左手屈臂回收至左腹側，手心向上。提右腿震右腳。同時，劍向前點（圖1-182）。

（2）前上左腳。同時，右手回抽至右側後，劍平，劍尖向前；同時，左劍指前指，成三體式步。目視正前（圖1-183）。

圖1-182　　　　　　　　　　　圖1-183

【要點】

震腳點劍要同時乾脆；出左腳、回抽劍、左前指要協調一致。

64.上步虛步接劍（蘇秦背劍）

右前臂擺至頭前上，雲劍一周；左手在右手下接劍後再雲一周，反手持劍下落；在左腳前上成虛步的同時，右手劍指上架。目視左前方（圖1-184）。

圖1-184

【要點】

上雲劍和左手接動作要協調；虛步持劍、亮指、擺頭要同時。

65.退步併步收勢（江海凝光）

左腳後退下落，右腳後退。右手從後向前上擺，在左腳向右腳併攏的同時，右手下按於右側。目視正前（圖1–185）。

【要點】

退步、併步、右手動作要協調、乾脆、俐索，精神飽滿。

圖1–185

第二章 八卦劍

　　八卦劍脫胎於八卦拳術，有正劍和變劍。正劍為體劍，即乾、坤、坎、離、震、艮、巽、兌八鋼劍；變劍者自八鋼劍互相聯合，錯綜變化，生出無窮的形式和動作。

　　八卦劍之八法是走、轉、裹、翻、穿、撩、提、按。應用要法為挑、托、抹、掛、片、搜、閉、掃、順、截。

　　這套八卦劍是編者根據八卦拳的理論，結合自己多年來研練八卦拳和各種劍法的實踐，創編的一套內容豐富，劍法多樣，更為流暢，更富有特色的一個套路。

　　整套動作除開始結束以外，共為八趟，每趟八個動作，共為八八六十四個動作。主要劍法：穿、崩、雲、劈、架、刺、抹、帶、撩、掃、斬、分等。既有現代名稱，又有傳統叫法，更能激發習練者的鍛鍊興趣和豐富的想像力。

一、八卦劍劍法特點

形神兼備，劍身合一，屈伸吞吐，扭轉開合，上下內外，聯絡一氣，盤旋飛舞，巧捷靈動，連綿不斷，自然流暢，縱橫離合，變幻莫測。

二、八卦劍的拳架練習法

在練法上，八卦劍分為「定架子」、「活架子」、「變架子」三步功夫。

「定架子」是基礎，要求規範的一動一動地練，以求掌握要領，姿勢正確，行步平穩。「活架子」即要一趟一趟地練，要求動作熟練，協調配合，以求達到不慮而行的效果。「變架子」即熟練後要減少走圈動作，一走即開，流行不滯；而後打破動作原有順序，自由組合；再後即意領劍隨，變換自如，隨意變劍，以求達到不期而應的武術境界。

只要堅持演練，循序漸進，就能體會出動作的巧妙，找到開合、快慢的恰到好處，從而劍身合一，獲得美的藝術享受，就能練得變架子功夫，達到「無招勝有招」的武術境界。

武術是博大精深的，自知不能盡其善美，感此劍術尚存璧瑕，望諸位習武同仁提出寶貴意見，以便今後加以完善為盼。

第一節　八卦劍練習之道

本套路以拳為主體，動作演練符合八卦掌的原理，在合乎八卦掌勁力的原則下，再配合煉氣，做到功、術同練，以提高鍛鍊的效果。動作演練走圓，運勁走圓不走方，呼吸運氣非上下直拉，換氣轉圓（意念），整體上，運行線路合乎八卦圖形，合練行功，架出八卦，所以就叫做「八卦劍」。

八卦劍練習之道，要從練身、練氣、煉心的整體上來認識，它是全身上下、內外全面鍛鍊的整體功。下面就從這三方面簡要敘述，使學練者能簡明此理。

首先，練身也就是練習外形。全身肢體要有各種形式的練習，起承轉合，纏繞旋轉，而在運轉中要求心靜體鬆；動作的轉動，既要合乎肌肉、骨骼、韌帶、神經的運動規律，又要符合八卦掌的基本原理，起落沉穩輕靈，虛實開合分明，架勢勁別明確，腰似主軸，腳如車輪，四面八方運行方向不亂，轉換有序，綿綿不斷，上下相隨，保持上虛下實中間靈的虛實要求。

如此訓練，既鍛鍊人體的運動系統，又能練出八卦掌特有的優美姿勢。這是練身方法的具體要求。

其次，煉氣是習武中的一個重要組成部分。氣是

維持人體生命的重要物質。根據中醫理論，概括起來分為兩種：一種是以元氣為代表的先天之氣，稱為內氣（內氣是看不見摸不著的）；另一種是以呼吸為代表的後天之氣，稱為外氣（呼吸之氣是可以測試出來的）。

　　內氣佈滿整個機體，如果氣機失調，陰陽失和，就會導致不同程度的疾病產生。中醫理論明確指出：「通則不痛，不通則病」，是指人體氣血不通，氣機失調。氣通，人則無痛癢；氣阻，人就產生病痛。唯有暢通氣血，才可得到健康。因而習武時，不可不結合煉氣。

　　人體的先天之氣需後天之氣來滋補，使先天之氣旺盛。人體內的營養物質，經消化後部分分解成氣，以此來補充內氣，充足元氣；另一方面，透過身體練習，以意引氣，由內及外，以外引內，去調動內氣潛轉，使氣血循環有序，不致有阻；同時配合呼吸，擴大肺活量，吸取大自然新鮮空氣中的營養物質來補充內氣。

　　習武配合煉氣，是培養人體元氣的有效鍛鍊方法，同時可以調節機體內部的平衡失調，使之得以恢復，促進機能提高，增強抗病能力，提高身體素質。

　　再次，古人認為的「心」即是「意」的同義，意念是習武時的最高統帥，全身內外、上下都要服從意

念的統一指揮。體內的八大系統，均受意念指揮和調控。意念指揮有方，全身就形正氣聚，吐納勻順，神態嚴正，起落輕靈，運行綿綿不斷，整體協調圓滿。如果意念失控，指揮不當，那就會形亂氣散，動無定向，進而將會降低練拳的效果。

意念在練拳中居於統帥的位置，要調配全身各個部位合理地運動，並要面面俱到；一有忽視，就會顧此失彼，影響整體的完整，影響鍛鍊效果。

練拳的過程，其實就是對意念（大腦）的一種良好的訓練過程。意念左顧右盼，動作就左右旋轉；意念瞻前顧後，動作就前進後退。不論上下、左右、內外、前後旋轉運行，都需意念領先，這就是所謂練心。

練身（練形）、煉氣、練心三者是有機聯繫、密切相關的。形正，可利氣從小；心靜，能引氣帶形。

練拳中大腦要安靜，靜而有動，動中求靜，切莫緊張、急躁。唯有意念（大腦）安靜，才能思維，才能有條不紊地指揮全身，命令一下，四肢百骸無不從命，肢體動作柔而有韌，運轉中大而不散，小則不見拘束，氣血任意運行，使心、氣、形同時獲得了鍛鍊，以提高練拳和行功的效果。

第二節　練習八卦劍的基本要求

一、身型要求

1. **頭**：向上虛領頂勁，下頜內收。
2. **頸**：自然豎直，肌肉放鬆。
3. **肩**：自然鬆沉，不可後張或前扣。
4. **肘**：自然下墜，不可僵直、外翻或揚起。
5. **胸**：自然舒鬆，不要外挺或有意內縮。
6. **背**：自然放鬆，舒展。
7. **腰**：自然放鬆，以腰為軸帶動四肢，運轉要靈活。
8. **臀胯**：臀要鬆垂收斂，不可後突或搖擺；胯要鬆正，不可左右歪斜。
9. **膝**：伸屈要柔和自然。

二、身法要求

總體要求是：端莊自然，不偏不倚，開合旋轉鬆活舒展。不可停滯浮軟，忽起忽落。動作要以腰為袖，上下相隨，完整貫穿。

三、眼法要求

動作運行時，眼隨手轉，精神貫注，勢動神隨，神態自然。不能東張西望，六神無主。

定勢時，依據不同的動作定勢，眼看前方或看劍的不同位置或劍指。

四、步法名稱及要求

(一)步法名稱

1. **上步**：後腳向前邁一步，或前腳向前邁半步。

2. **退步**：前腳後退一步。

3. **撤步**：前腳或後腳退半步。

4. **扣步**：上步腳落地時，腳跟先著地，與後腳成「八」字形。

5. **蓋步**：一腳經支撐腳前橫落。

6. **插步**：一腳經支撐腳後橫落。

7. **行步**：膝微屈，兩腳連續上步穩。

8. **跟步**：後腳向前跟進半步。

9. **碾步**：以腳跟為袖，腳尖外展；或內扣為軸，腳跟外展。

10. **跳步**：前腳蹬地跳起，後腳前擺落地。

(二)步法要求

步法是平衡和支撐全身穩健的根基，拳套動作或輕靈或遲滯全在於步法的正確與否。練拳時須掌握下列一些步法要點：

1. 各種步法變換都要輕靈沉穩，虛實分明，左虛則右實、右虛則左實。同時，虛實變換要漸漸變化，不要突然。

2. 身體不要有明顯起伏、忽高忽低，除仆步、獨立步外，始終保持在起勢下蹲時的高度。

3. 要與劍的動作協調進行，一動全動，一到全到，只有做到「手隨足運，足隨手運」才符合「上下相隨」的原則。

4. 動步先提腿，凡腳前進時，先提大腿，蓄勁於膝，帶動腳跟、腳尖先後離地；邁出後，腳底與地面平行前伸，然後著地踏實。

5. 凡腳後退時，也須先提大腿，蓄勁於膝，帶起腳跟、腳尖先後離地而退後，腳趾或腳前掌先著地，然後腳掌腳跟著地踏實。

第三節 八卦劍基本功

一、原地練習

（一）開步旋臂

【預備姿勢】

兩腿左右開立，略寬於肩，兩臂側平舉成一直線，兩手心向下。目視前方（圖2-1）。

【動作說明】

1. 頭向右轉時，右臂外旋掌心向上，左臂不變（圖2-2）。

2. 頭向左轉時，左臂外旋掌心向上，右臂內旋至手心向下（圖2-3）。

圖 2-1

圖 2-2

圖 2-3

【要求與要點】

（1）兩臂成一直線，身體正直。

（2）速度不宜過快，兩臂要像繩子一樣儘量擰緊。

（二）開步單臂穿掌

【預備姿勢】

兩腿左右開立，略寬於肩，兩臂側平舉成一直線，兩手心向下。目視前方（圖2-4）。

【動作說明】

1. 右臂外旋至掌心向上，不停，臂微屈手指領先，經上、向左、向下於胸前（圖2-5）。

2. 右臂再向右腋下穿出，隨手臂穿出，再外旋至手心向上，目隨手走（圖2-6）。

3. 與1、2. 動作相同惟方向相反。

圖2-4

圖2-5

圖 2-6

圖 2-7

圖 2-8

【要求與要點】

（1）手臂畫弧要圓。

（2）穿掌時，身體略向異側方向轉傾。

（三）開步雙臂穿掌

【預備姿勢】

兩腿左右開立，略寬於肩，兩臂側平舉成一直線，兩手心向下，目視前方（圖2-7）。

【動作說明】

1. 右臂外旋至掌心向上，不停，臂微屈手指領先，經上、向左、向下於胸前，同時，左手臂經下向右、向上於胸前與右臂內（圖2-8）。

2. 右臂再向右腋下穿出，隨手臂穿出，再外旋至

手心向上；同時，左手臂
向左穿出後再內旋至手心
向下。目隨右手走（圖
2-9）。

圖 2-9

3. 與 1 動作相同惟方
向相反。

【要求與要點】

1. 練習時要用勻速
度，不可忽快忽慢。

2. 雙臂運動時儘量貼
緊摩擦身體而出。

（四）仆步穿掌

【預備姿勢】

兩腿併步直立，目視
前方（圖2-10）。

圖 2-10

【動作說明】

1. 右腿向右邁出一大
步成右弓步。同時，左掌經上向右按至右胸前，掌心
向下；右手經左手上向右上直線穿出，掌心向上。目
視右掌（圖2-11）。

2. 左手經胸前、腿內側直線穿出，掌指領先，掌
心向外。步型由右弓步轉成左仆步。右臂不動（圖2-
12）。

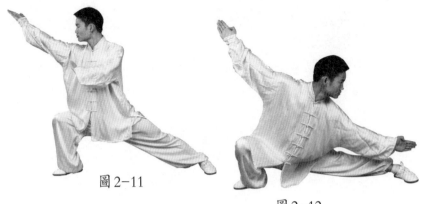

圖 2-11

圖 2-12

3. 重心前移，左臂繼續向前穿。步型再前移成左弓步（圖 2-13）。

4. 反之相同，以此類推。

【要求與要點】

（1）上體保持正直。

（2）重心移動幅度盡可能大。

（3）定勢後兩臂保持水平成一直線。

圖 2-13

（五）仆步背後單穿掌

【預備姿勢】

兩腿分開成馬步。兩臂側平舉成一直線，手心向下（圖2-14）。

圖2-14

【動作說明】

1. 身體右轉成右弓步。同時，左臂由上向胸前插掌至腋下，右臂不動（圖2-15）。

圖2-15

2. 左手經背部、臀部、大腿外側向前穿，右臂不動。步型由右弓步轉成左仆步（圖2-16）。

3. 左臂繼續向前穿出，隨穿掌左臂外旋至手心向上，右臂不動。步型由左仆步變左弓步（圖2-17）。

4. 與1、5與2、6與3分別為鏡面動作。

【要求與要點】

身體不可前俯後仰，穿掌時由手臂領先，貼近身體各部位。

圖2-16

圖2-17

（六）仆步背後雙穿掌

【預備姿勢】

兩腿分開成馬步。兩臂側平舉成一直線，手心向下（同圖2-14）。

【動作說明】

1. 身體右轉成弓步，同時，左臂外旋至掌心向上，不停，臂微屈手指領先，經上、經右、向下落於胸前；右手臂經下向右、向上於胸前穿與右臂內側（圖2-18）。

2. 右腿下蹲成左仆步，同時，左臂再向左腋下經背部、臀部、沿大腿外側向前穿出，右手臂向右穿出後再內旋至手心向下。目隨左手（圖2-19）。

圖2-18

圖2-19

3. 重心左移成左弓步，左手穿出，兩臂成側平舉，目視左手（圖2-20）。

4. 與1、5與2、6與3分別為鏡面動作相同。

【要求與要點】

穿掌與身體重心移動要協調一直。

圖2-20

二、行進間練習

（一）穿掌掄拍

【預備姿勢】

併步直立。目視前方（圖2-21）。

【動作說明】

1. 左掌經下向上、向右按掌於右肩前。隨即左腿屈膝提起，腳面繃直。同時，右掌由左手背上向右上方穿出，手心向上，左手順勢收於右腋下，上體微右轉。目視右掌（圖2-22）。

圖2-21

圖2-22　　　　　　　　　　圖2-23

2. 右腿屈膝下蹲，左腿迅速伸直成左仆步。同時，左手經胸前向下沿左腿內側穿掌至腳面，右臂內旋至手心向前。目視左手（圖2-23）。

3. 右腳向前上步。同時，右手經下畫弧上挑，臂與肩平；左手經上向後畫弧，隨身體左轉後，與右臂成一直線（圖2-24）。

4. 身體左轉，左臂向下、向後掄臂，右臂向上、向前掄臂，上體右轉。右腿屈膝全蹲，左腿伸直，成左仆步。左臂向上、向前、向下掄臂至左腿內側以掌心拍地，右臂向下、向右掄臂至右上方（圖2-25）。

5. 動作5、6、7、8與分別動作1、2、3、4成鏡面，練習時交替進行。

【要求與要點】

動作要連貫協調，一氣呵成。

圖2-24

圖2-25

（二）涮腰背穿

【預備姿勢】

併步直立。目視前方（圖2-26）。

【動作說明】

1. 左腳向左橫跨一大步開步。同時，右臂側平舉，手心向下；左臂提起，手心向下穿向右腋下（圖2-27）。

圖2-26

圖2-27

2. 右臂向右平擺，左臂穿出。不停，以髖關節為軸，上體前俯，左臂向前下方伸出，然後以臂帶腰做向前、向左、向後、向右翻轉繞環後，兩臂交叉於胸前，左上右下（圖2-28）。

3. 身體右轉成弓步時，左臂由上向胸前插掌至左腋下，經背部、臀部、大腿外側，成左仆步時向前穿出，隨穿掌左臂外旋至手心向上；同時，右臂由下經胸前在左臂內向右穿出，隨身體左轉，臂內旋至掌心向下（圖2-29、圖2-30）。

4. 右腳向前上步。同時，右手經下畫弧上挑，臂與肩平；左手經上向後畫弧，隨身體左轉成左弓步後，與右臂成一直線。目視左手（圖2-31）。

反之，動作5、6、7、8與動作1、2、3、4成鏡面，練習時交替進行。

圖2-28

圖2-29

圖2-30

圖2-31

圖2-32

【要求與要點】

（1）涮腰幅度要大，兩臂依次平掄。

（2）涮腰與穿掌要連貫協調。

（三）涮穿翻穿

【預備姿勢】

併步直立。目視前方（圖2-32）。

【動作說明】

1. 與（二）的1、2、3動作相同。

2. 右腳向前上步。同時，右手經下畫弧上挑，臂與肩平；左手經上向後畫弧，隨身體左轉成分腿站立後，與右臂成一直線。目視左手（圖2-33）。

3. 左腿插步，身體後仰。同時，左手下插於背後，手心向外；右手向上畫弧於頭上，手心向下（圖2-34）。

4. 身體沿縱軸翻腰，同時，雙臂沿圓弧穿出。隨之，右腿上步成分腿直立。兩臂成側平舉，左手心向下，右手心向上。目視右手（圖2-35）。

圖2-33

圖2-34

圖2-35

反之，動作5、6、7、8與動作1、2、3、4成鏡面，練習時交替進行。

【要求與要點】

（1）翻腰與前進方向要垂直。

（2）翻腰與穿掌要協調一致。

（四）擰穿挑掌

【預備姿勢】

併步直立。目視前方（圖2-36）。

【動作說明】

1. 左腳向左前上一步，外展落地。同時，左臂向前穿出，手心向上，右掌提至腰間（圖2-37）。

2. 右腳繼續向左前上一步，落地內扣。同時，右手沿原方向穿出，左手屈肘回穿於左腋下，身體前探（圖2-38）。

圖2-36

圖2-37

圖2-38

3. 左腳繼續向左前上一步，外展落地。同時，左手沿上體左側後方穿下後，身體沿縱軸向左擰轉180度（圖2-39）。

4. 右腳繼續向左前上一步。左手經左腋下向前穿出，手心向上；右手經右腋下向後穿出，手心向上（圖2-40）。

圖2-39　　　　　　　　　　　　　　圖2-40

5. 左、右腳依次上步成右弓步。同時，右手經下畫弧上挑，臂與肩平；左手經上向後畫弧，隨身體左轉後，與右臂成一直線，兩手心均向前。目視右手（圖2-41）。

圖2-41

反之，動作成鏡面。練習時交替進行。

【要求與要點】

（1）沿逆時針方向行四步完成一個小圈；行步時重心要平穩，右臂方向保持不變。

（2）擰轉身體時要像從右臂下鑽過一般，整個動作過程要輕捷連貫，目視右手。

（五）連環穿掌

【預備姿勢】

併步直立。目視前方（圖2-42）。

【動作說明】

1. 左腳向前上步，外展落下。左掌朝前穿出，掌心向上（圖2-43）。

圖2-42　　　　　　　　　　　　　　圖2-43

2. 右腳經左腳跟隨上步內扣成內八字，身體左轉90度。同時，右手經胸前、左腋下穿出，掌心向上；

左手同時掌心向下貼右臂收至右肩（圖2-44）。

3. 左腿後插成右弓步。兩臂向兩側穿成側平舉
（圖2-45）。

4. 左臂內旋，隨體轉收至胸前，掌心向外；右手
經腹前畫弧至胸前，掌背與左掌背相對（圖2-46）。

圖2-44

圖2-45

圖2-46

5. 由右弓步下蹲成左仆步，同時，左手經腋下、
後背、大腿外側穿出，手臂外旋至手心向上；右手經
右腋下向右穿出，手臂內旋至向後（圖2-47）。

6. 不停，右腿上步成右弓步。同時，右手經右腋
下向前穿出，臂與肩平；左手經左腋下向後穿出，隨

身體左轉後，與右臂成一直線，兩手心均向前。目視右手（圖2-48）。

反之，動作成鏡面。練習時交替進行。

【要求與要點】

手臂與腿配合，步型轉變時手臂前後要一致。

（六）正反穿掌

【預備姿勢】

併步直立。目視前方（圖2-49）。

圖 2-47

圖 2-48

圖 2-49

【動作說明】

1. 左腿向左邁出，腳外展落下，左臂向右腋下穿，手心向上；同時，右臂向左平擺於右臂上，手心向下（圖2-50）。

2. 不停，身體左轉90度，右腿上步內扣。左臂隨身體轉平擺（圖2-51）。

3. 左腿後插，經左仆步成左弓步。同時，左手收回，經腋下、後背、腰間穿出，手臂外旋；右手向右穿出，手臂內旋，兩臂呈水平直線（圖2-52）。

圖2-50　　　　圖2-51　　　　　　圖2-52

4. 右腿繼續上步成扣步，身體左轉。同時，左臂經上向左下畫弧，右臂經下向上畫弧，掌心朝前（圖2-53）。

5. 左腳後插，經左仆步成左弓步。同時，左掌經

大腿內側穿出，與肩同高，右臂下落與前臂成一直線
（圖2-54）。

6. 右腳上步成右弓步。同時，右臂隨體轉向前穿
出，掌心向上；左臂經腋向後穿出，與肩同高（*左右
重複練習*）（圖2-55）。

反之，動作成鏡面。練習時交替進行。

【要求與要點】

兩手臂在繞圓時與身體、腳相協調。穿掌時，左
右手同時穿出。

圖2-53

圖2-54

圖2-55

三、踏泥步練習

（一）直行分解練習

【預備姿勢】

兩腿屈蹲，雙手後背，眼睛平視前方（圖2-56）。

【動作說明】

1. 左腳直線向前邁出，腳底與地面平行（圖2-57）。

2. 重心前移成弓步（圖2-58）。

3. 右腳貼地面收至左腳內側（圖2-59）。

反之亦同，練習時交替進行。

【要求與要點】

向前邁步時腳尖不要上翹，直線邁出，身體重心高低一致，速度均勻。

圖2-56　　　圖2-57　　　　圖2-58　　　圖2-59

（二）扣步練習

【預備姿勢】

兩腿屈蹲，雙手後背，眼睛平視前方（圖2-60）。

圖2-60

【動作說明】

1. 左腳上步，腳外展45度（圖2-61）。

2. 右腳上步，腳內扣45度，兩膝夾緊（圖2-62）。

3. 右腳向右側上步，外展135度（圖2-63）。

4. 身體右轉，左腳上步內扣，兩膝夾緊（圖2-64）。

練習時左右交替進行。

圖2-61　　　　圖2-62　　　　圖2-63　　　　圖2-64

【要求與要點】

行進間身體要中正，始終保持半蹲姿勢。

（三）直行練習

【預備姿勢】

兩腿屈蹲，雙手後背，眼睛平視前方（圖2–65）。

【動作說明】

1. 左腳向前上步伸出（圖2–66）。

2. 左腳向前滑動約一腳距離後，右腿蹬直，重心前移，右腳收回左腳內側，不停，繼續向前伸出（圖2–67）。

練習時左右交替進行。

【要求與要點】

腳收回時勾腳尖與地面摩擦收回，腳向前滑動時也是與地面摩擦勻速而出。

圖2–65　　　　圖2–66　　　　圖2–67

第四節　八卦劍套路

一、動作名稱

預備勢

1. 併步直立持劍（指天畫地）
2. 虎步前伸（倚馬問路）
3. 上步壓劍（伏虎聽風）
4. 架劍前行（鴻雁出群）

第一趟　乾卦劍

1. 穿雲行步（鷂子盤旋）
2. 穿崩行步（巧女穿針）
3. 行步分劍（秀水繞門）
4. 行步後穿（蘇秦背劍）
5. 上步下刺（顧影自盼）
6. 蓋步後劈（彩雲追月）
7. 剪腕穿行（妙手回天）
8. 穿架行步（隱龍入海）

第二趟　坤卦劍

1. 行步前刺（金龍盤玉柱）
2. 併步前刺（金針暗度）
3. 蓋步後劈（彩雲追月）

4. 上步抽帶（寒風裏衣）

5. 行步後刺（丹鳳舒翼）

6. 併步橫掃（葉底藏花）

7. 虛步反撩（點竅衝關）

8. 穿架行步（隱龍入海）

第三趟　坎卦劍

1. 行步撩劍（行步撩衣）

2. 平衡上崩（天邊掛月）

3. 弓步反刺（鶴羽射月）

4. 左右掛劍（踏罡布斗）

5. 蓋步後劈（彩雲追月）

6. 挽花點劍（梨花舞袖）

7. 踢腿後撩（金簪畫銀河）

8. 架劍行步（隱龍入海）

第四趟　離卦劍

1. 行步撩劍（行步撩衣）

2. 提膝下截（迎風揮扇）

3. 提膝擺壓（驚蛇纏腕）

4. 弓步劈劍（白蛇伏草）

5. 上步刺劍（黑虎出洞）

6. 撩踢後截（丹鳳甩尾）

7. 弓步劈劍（餓虎撲食）

8. 雲托行步（天馬行空）

第五趟　巽卦劍

1. 併步橫掃（橫掃千軍）
2. 上步分崩（大鵬展翅）
3. 轉身雲掃（扶搖直上）
4. 仰踢分崩（鵬程萬里）
5. 併步橫掃（橫掃千軍）
6. 提膝下截（仙人披衣）
7. 裡合後劈（風捲荷葉）
8. 穿架行步（隱龍入海）

第六趟　震卦劍

1. 正刺行步（烏龍吐霧）
2. 反刺行步（猛虎回頭）
3. 提膝下截（烏龍擺尾）
4. 提膝反刺（眉中點素）
5. 提膝劈劍（力劈華山）
6. 弓步平斬（沛公斬蛇）
7. 抹帶行步（迎風撣塵）
8. 穿架行步（隱龍入海）

第七趟　兌卦劍

1. 行步掄掛（飛雪連天）
2. 丁步前刺（寒梅吐蕊）
3. 上步右撩（普灑甘露）
4. 上步左撩（仙人撩衣）

5. 插步後撩（平沙落雁）

6. 轉身掛劍（孔雀開屏）

7. 蓋步後劈（彩雲追月）

8. 穿架行步（隱龍入海）

第八趟　艮卦劍

1. 馬步分撥（獅子抖毛）

2. 穿崩踢刺（野馬奔槽）

3. 左右掛劍（鳳凰開屏）

4. 蓋步後劈（彩雲追月）

5. 左右掛劍（鳳凰開屏）

6. 蓋步後劈（彩雲追月）

7. 左右掛劍（鳳凰開屏）

8. 輪掛架行（游龍回轉）

收　勢

1. 行步雲劍（雲龍吸水）

2. 併步持劍（百川歸海）

二、動作詳解

預備勢

1. 併步直立持劍（指天畫地）

兩腳併攏站立。左手持劍反臂伸直，使劍垂立於左臂後面，劍尖朝上，右手自然下垂貼靠右腿側。目

視前方（圖2-68）。

【要點】

頸正項直，身體放鬆，集中精力，準備動作。

2.**虎步前伸**（倚馬問路）

右腳向右前方出步，步型成三體式。同時，兩臂向腳邁出的方向前伸，左手心向下，右手成劍指，手心向上，雙臂自然略屈。目視側前方（圖2-69）。

3.**上步壓劍**（伏虎聽風）

（1）雙臂均外旋，向兩側下分，再由兩側向上舉（圖2-70）。

圖 2-68　　　　圖 2-69　　　　圖 2-70

（2）接上動，身體右轉，隨之，左腳前邁，腳尖內扣，半蹲成扣步。同時，雙臂內旋經胸前後，右手持劍下劈於小腹前成立劍，劍尖向左側，左劍指附於

右手腕內側。目視左側方（圖2-71）。

【要點】

兩臂內旋向下左右分擺，再外旋從兩側向頭前上擺，成交叉姿勢，左內右外；轉身、上步、分撐、下蹲要同時進行，動作要協調連貫。

4. 架劍前行（鴻雁出群）

兩小臂外旋上舉到頭前上方時再內旋，右手立劍架在頭上方，左手劍指向左前伸直。同時，外擺左腳。目視劍指方向（圖2-72）。上右腳沿逆時針行步。

【要點】

行步時左腳以腳外側為主，右腳以腳內側為主，順時針行步則反之；身體儘量不要上下起伏，要平穩前進。

圖 2-71

圖 2-72

第一趟　乾卦劍

1.穿雲行步（鷂子盤旋）

（1）當行至左腳在前時，右腳繼續向左前上一步，落地內扣。同時，右手持劍，使劍尖穿向左腋下，手心向上；左臂舉至頭上方，手心向上，劍指向右。目視左前方（圖2–73a、圖2–73b）。

（2）左腳繼續向左前上一步，外展落地。同時，右手持劍向左上斜穿，左臂內旋，經胸前、左腋下、身體左側向下穿。目視右前方（圖2–74）。

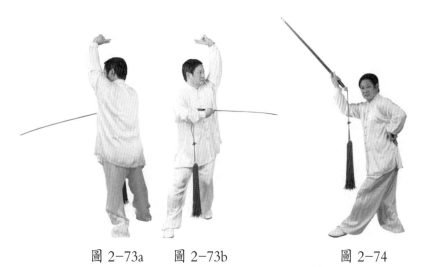

圖 2–73a　　　圖 2–73b　　　　　　圖 2–74

（3）右腳繼續向左前上步扣落。同時，右手持劍，在頭前上由左、向右、再向後平雲一周；左臂外旋抬起，與肩同高，手心向上。目視劍指（圖2– 75）。

圖 2-75　　　　　圖 2-76　　　　　圖 2-77

（4）左腳繼續向左前上步。同時，右手屈腕，使劍身落平後，劍尖經左腋下再向前穿出，手心向上；左臂抬至側平舉，劍指向上，手心向外。目視劍尖（圖2-76）。

2. 穿崩行步（巧女穿針）

右腳向右前上步，腳外展落地。同時，右手持劍抖腕橫崩，左臂內旋，劍指上架。目隨劍行（圖2- 77）。

3. 行步分劍（秀水繞門）

（1）左腳向右前上步扣落，右腳繼續向右前上步，外展落地。同時，左劍指收回附於右腕處，右臂外旋至手心朝右，劍尖向下。目視右前方（圖2-78）。

（2）左腳向右前上步扣落。同時，右手持劍向右後下刺，左臂向左上伸出，手心向前。目視劍尖（圖2-79）。

圖 2-78　　　　　　　　　　　　　　　　圖 2-79

4. 行步後穿（蘇秦背劍）

（1）接上動，右腳向右前上步，外展落地。右手持劍，屈腕經右向上、向前掄掛一周，手心向後；左手劍指經右胸前向左前弧形穿出，手心向上。目視劍身（圖2-80）。

（2）左腳向右前上步扣落。同時，右小臂內旋，劍向背後穿插，劍背於身後；左臂內旋，向左下方弧形落下。目視右前方（圖2-81）。

圖 2-80　　　　　　　　　　　　　　　　圖 2-81

（3）右腳向右前上步，外展落地。同時，右手旋腕，使劍在背後由左、向下、向右上繞行；左劍指臂外旋，向後、向下、向前上繞行，右臂上舉劍尖向右上方，左劍指附於右腕。目視右前方（圖2-82）。

5.上步下刺（顧影自盼）

左腳向右前上步扣落，右腳繼續向右前上步，外展落地。同時，右臂持劍外旋向右後下刺，左臂外旋，劍指向左斜上方伸，雙手掌心均向外。目視右下方（圖2-83）。

6.蓋步後劈（彩雲追月）

左腳蓋步。同時，上身左轉，右手持劍，經右、上向左後下劈；左劍指由左上向下回收，附在右手小臂內側。目視左後方（圖2-84）。

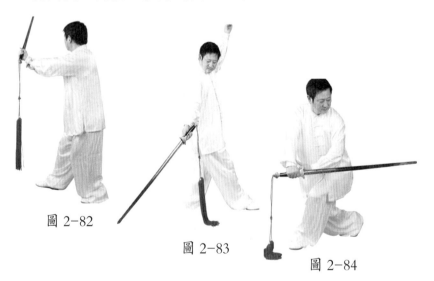

圖 2-82

圖 2-83

圖 2-84

7. 剪腕穿行（妙手回天）

（1）右腳向右前上步，腳尖外擺。同時，右手持劍，隨身體向前、向上撩起，使劍舉於頭上，左手劍指附於右手腕（圖2-85）。

（2）左腳向右前上步，腳尖內扣。同時，右手持劍做外剪腕花（圖2-86）。

（3）身體略右轉，右腿後撤，左腿全蹲成右仆步。同時，右手持劍扣腕，使劍尖向下經左胸沿右腿內側向右穿出；左手向左上伸出，手心向左。目視劍尖（圖2-87）。

圖 2-85　　　　圖 2-86

圖 2-87

（4）重心前移，左腳上步內扣，身體直立。右臂外旋，持劍上舉於頭上，左手附右腕處（圖2-88）。

8. 穿架行步（隱龍入海）

（1）上身右轉，右腿後撤，左腿全蹲成右仆步。同時，右手持劍外旋，使劍向下沿右腿內側向右穿出；左手劍指，小臂屈收至左腰側，手心向上（圖2-89）。

（2）重心前移，左腿上步，外展落地。同時，右手持劍，從下向外上架至頭前上，劍尖向左，左劍指向左前指。眼看左前方（圖2-90）。

圖 2-89

圖 2-88

圖 2-90

第二趟 坤卦劍

1. 行步前刺（金龍盤玉柱）

（1）行至左腳在前時，右腳繼續向左前上一步，左落地內扣。同時，右手持劍，臂內旋落於右肩前，手心向上，屈肘平抬，劍尖指向左手劍指所指方向。目視劍指（圖2-91）。

（2）左腳繼續向左前上一步，腳外展落地。同時，右手持劍從左臂下將劍刺出，左手屈肘收於胸前。目視劍尖（圖2-92）。

圖 2-91　　　　　　　　圖 2-92

（3）右腳繼續向左前上一步。同時，上體向原刺劍方向側探，左劍指經左腋下沿上體左側後方穿下（圖2-93）。

（4）左腳繼續向左前上一步，身體沿縱軸向左擰轉180度（圖2-94）。

圖2-93　　　　　　　　　　　圖2-94

（5）右腳繼續向左前上一步。同時，上體順勢抬起，右手持劍抽回右髖側；左臂抬起，劍指指向前方，手心向右。目視劍指（圖2-95）。

【要點】

沿逆時針方向行五步完成一個小圈，刺劍方向保持不變，要有旋扭伸探的意思；上身挺伸抬頭翻旋時，成反弓形，頭從劍下過。整個動作過程要輕捷連貫，目視劍尖，上身和行步要協調配合，連貫自然；行步時重心要平穩。

2. 併步前刺（金針暗度）

（1）左腳向前上一大步。右臂持劍抽回，劍尖向左前；身體向右，左劍指伸直前指（圖2-96）。

（2）右腳向左腳併步，兩腿屈蹲。同時，右手持劍向前直刺（立劍），左劍指附小臂內側。目視前方（圖2-97）。

圖 2-95　　　　　　　　　圖 2-96

圖 2-97

【要點】

右手持劍向左後抽回時，幅度要大；併步與刺劍要協調一致，同時完成；出刺要迅速有力，力點要準確。

3. 蓋步後劈（彩雲追月）

（1）左前方上左腳，外擺腳尖。同時，右手持劍，屈臂收回於胸前，手心向上，劍尖向左前方；左劍指收於右臂上，手心向上。目視前方（圖2-98a、圖2-98b）。

圖 2-98a　　　　　圖 2-98b

圖 2-99

（2）上蓋右腳。同時，劍向上向右後立劍劈下，左臂向上向左擺平，手心向下，劍指前指。目視右後方（圖2-99）。

【要點】

分臂後劈、上步動作要同時、舒展。

4. 上步抽帶（寒風裹衣）

（1）左前方上左腳，外擺腳尖，身體略左轉。同

時，右手臂外旋至手心向上，左劍指外旋至手心向上。目視前方（圖2-100）。

（2）右腳繼續向左前上步扣落。同時，右臂持劍回屈抽帶，劍身要平，劍尖向右後；左臂回屈劍指，附於右小臂內側。目視右後方（圖2-101）。

【要點】

回抽小臂要與地面平行。

5. 行步後刺（丹鳳舒翼）

（1）左腳繼續向左前方上步，腿外展（圖2-102）。

圖 2-100　　　　圖 2-101　　　　圖 2-102

（2）身體略右轉上右腳。同時，立劍向後平刺（反刺），左劍指上架。目視右後方（圖2-103）。

【要點】

架刺要一致，動作要有力。

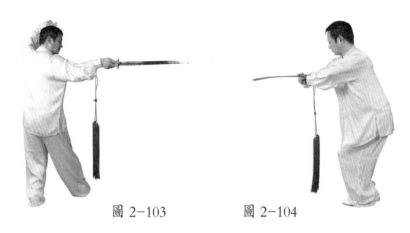

圖 2-103　　　　　圖 2-104

6.併步橫掃（葉底藏花）

左腳向前上步，右腳上步扣步半蹲。同時平劍從右後向左前平擺，手心向上；左劍指回擺附於右臂內側，目視正前（圖2-104）。

【要點】

掃要下蹲，身要裡合。

7.虛步反撩（點竅衝關）

（1）起身，右腳向右側前上步，腳外展落下。同時，右手劍向右側平擺，手心向上；左劍指臂向左側平擺，手心向上（圖2-105）。

（2）左腳向右側上步內扣。同時，右手小臂內旋，使劍屈臂回帶成立劍，劍尖向右前方；左劍指回屈於右小臂內側（圖2-106）。

（3）上右腳，再上左腳成虛步。同時，右手劍向左後下、再向左前反手撩出；左劍指反臂向後插伸，

圖 2-105　　　　　　　　圖 2-106

圖 2-107　　　　　　　　圖 2-108

手心向上。目視劍尖（圖2-107）。

【要點】

動作要到位，但不能有停留。

8. 穿架行步（隱龍入海）

（1）右腳向右側前上步，腳外展落下，隨即上扣左腳。同時，右手持劍外旋掛至頭前上，劍尖向右，左劍指附於右腕。目視右前方（圖2-108）。

（2）上身右轉，右腿後撤，左腿全蹲成右仆步。同時，右手持劍外旋，使劍向下沿右腿內側向右穿出；左手劍指，小臂屈收至左腰側，手心向上（圖2-109）。

（3）重心前移，左腿上步，外展落地。同時，劍從下向外上架至頭前上，劍尖向左，左劍指向左前指。目視左前方（圖2-110）。

圖 2-109

圖 2-110

第三趟　坎卦劍

1. 行步撩劍（行步撩衣）

逆時針走圓行步，先上左腳共四步。同時，右手持劍，由上向右後下再向右前上撩；左臂外旋回屈至右胸前，然後內旋，隨劍向前上撩的同時向左前上畫。目隨劍行（圖2-111）。

【要點】

邊行邊撩，走轉撩劍和左手要協調配合。

圖 2-111　　　　圖 2-112　　　　圖 2-113

2.平衡上崩（天邊掛月）

（1）左前方上左腳，外擺腳尖。同時，右手持劍，臂外旋使劍撩至胸前，劍尖向右；左臂回屈，左劍指附於右小臂內側。目視右側（圖2-112）。

（2）左腳蹬地起跳後，右腿落地支撐，左腿後撩成望月平衡。同時，右手劍臂內旋，劍從右上向左上、左下、後再向右、右上抖腕上崩；左劍指臂內旋，經下向右上抖腕上架。目視右上方（圖2-113）。

【要點】

跳動、崩劍、架指、扭腰和擺頭目視要協調，同時動作。

3.弓步反刺（鶴羽射月）

左腳前落成左弓步，身體側前傾。右手持劍向左前反臂直刺，手心向外，左劍指附於右腕內側。眼看

劍刺方向（圖2-114）。

【要點】

右腿蹬地、上身前探與刺
劍動作同時完成。

4. 左右掛劍（踏罡布斗）

（1）重心後移，左
腿後撤一步。同時，右手
持劍向左下後掛，左劍指
收附於小臂內側（圖2-115a、圖2-115b）。

圖 2-114

（2）右腳向右前擺落。同時，右臂外旋，隨上
體右轉使劍經前向右下後掛；左臂向左上伸直，手心
向下。目視右下方（圖2-116）。

【要點】

動作要協調舒展。

圖 2-115a　　　圖 2-115b　　　圖 2-116

5. 蓋步後劈（彩雲追月）

左腿向右裡合蓋步。同時，右手持劍由右下向上、向左後畫弧劈下，左臂回收，劍指附於右小臂內側，上身左轉。目視劍身（圖2-117）。

圖 2-117

【要點】

裡合腿、劍後劈、頭、身、左臂要配合好，同時運動。

6. 挽花點劍（梨花舞袖）

（1）以兩腳前掌為軸，身體向右後扭轉180°。同時，右手劍臂隨轉上提（圖2-118）。

（2）右手持做一外剪腕花，隨即抖腕向右前點擊，左手附右腕處。目視右前方（圖2-119）。

圖 2-118

圖 2-119

【要點】

挽花要圓滑，點擊要提腕有力，力點在劍尖。

7. 踢腿後撩（金簪畫銀河）

左腿向前上步，右腿直腿勾
腳上踢。同時，右手劍從右上向
下、向右後用力撩擊，左劍指上
架，上身向右後扭轉。眼看右後
方（圖2-120）。

【要點】

踢腿要求快速有力
到位；踢腿和後撩要同
時動作；撩劍要快速有
力。

圖2-120

8. 架劍行步（隱龍入海）

（1）右腿向後回落站穩。向左掛劍（圖2-121）。

（2）身體右轉，右腳外展邁落。向右掛劍（圖
2-122）。

（3）左腿裡合，右劍後劈（圖2-123a、圖2-
123b）。

（4）上身右轉，右腿後撤，左腿全蹲成右仆步。
同時，右手持劍外旋，使劍向下沿右腿內側向右穿出；
左手劍指，小臂屈收至左腰側，手心向上（圖2-
124）。

圖 2-121

圖 2-122

圖 2-123a

圖 2-123b

圖 2-124

（5）重心前移，左腿上步，
外展落地。同時，劍從下向外上架
至頭前上，劍尖向左，左劍指向左
前指。眼看左前方（圖2-125）。

【要點】

仆步穿劍要求幅度大，身體起
立要快，上架劍要抖腕。

圖 2-125

第四趟　離卦劍

1.行步撩劍（行步撩衣）

（1）架劍逆時針行至左腳在前時，右腳經左腳內
側向左前扣落。右手持劍向右、後劈落，左劍指經上
向右落於右肩前（圖2-126）。

（2）左腳經右腳內側向左前外展落下。同時，上
體前探，右手持劍向前上撩出，手心向右，與頭頂同
高，左手劍指插向左腋下。目視劍尖（圖2-127）。

（3）右腳經左腳內側扣落。左劍指經左腋下沿上
體向右側後下方穿下。目視劍尖（圖2-128）。

（4）身體沿縱軸向左擰轉180度。左、右腳繼續
向左前各上一步（圖2-129）。

【要點】

全身上下左右要協調配合，撩劍上身仰伸旋轉，
要劍身合一，不可有停頓。身體從右臂下過，右臂儘

圖 2-126

圖 2-127

圖 2-128

圖 2-129

量伸直旋扭，目隨劍行。

　2. 提膝下截（迎風揮扇）

　　右腿挺直立起，左腿屈膝提起。同時，右手持劍，右臂內旋，劍經上、左向右前下方截落，劍尖向斜下；左劍指屈肘上架於頭左側上方，手心向上。目視劍尖（圖2-130）。

　【要點】

　　提膝截劍，上架左臂，扭身擺頭，眼隨劍時要同

圖 2-130　　　　　　　　圖 2-131

時動作，快速有力。

3. 提膝擺壓（驚蛇纏腕）

右臂外旋，使劍由左上向右下擺壓（右手臂外旋使劍向左向上向右畫一立圓）；左手劍指下落附於右腕處， 身體略右傾。目視劍尖（圖2-131）。

【要點】

旋臂壓劍快速有力，上體右肩臂要同時動作，右腕要用抖勁。

4. 弓步劈劍（白蛇伏草）

上身左轉90度，左腳前落成半馬步。同時，右手持劍臂內旋，經右向上、右前下劈；左臂伸直向左前指。目視前方（圖2-132）。

【要點】

轉、劈、落、指要同時快速動作。

圖 2-132

圖 2-133

圖 2-134a

圖 2-134b

5.上步刺劍（黑虎出洞）

（1）右腳上步向左前方扣落。同時，右手持劍抽回，劍尖向左前方，左手劍指指向左前方。目視劍指（圖2-133）。

（2）左腳向左前上步。同時，右手立劍向前直刺，左臂屈收，劍指附於右肩內側。目視前方（圖2-134a、圖2-134b）。

【要點】

前刺要快速有力。

6. 撩踢後截（丹鳳甩尾）

右腳向右前上步扣落半蹲，左腳向後撩提，上身前俯，向右側後扭轉。劍向右後側下截，劍尖朝下，左手劍指經上向左前上擺架。目視右後方（圖2-135）。

【要點】

俯、撩、截、架要同時動作，快速有力。

7. 弓步劈劍（餓虎撲食）

上身左轉，左腿前落成左弓步。同時，右手持劍向左前立劍掄劈，左劍指屈收附於右肩內側。目視右前方（圖2-136）。

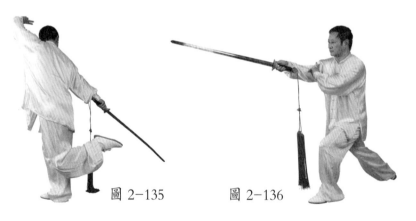

圖 2-135　　　　圖 2-136

8. 雲托行步（天馬行空）

（1）右腳經左腳內側向左前方扣落。同時，右手持劍，在頭上雲劍後落於胸前，手心朝上，劍尖向

圖 2-137   圖 2-138   圖 2-139

右；左手劍指附於右手腕，手心向下。目視前方（圖2-137）。

（2）左腳經右腳內側向左前外展邁出。兩手臂向兩側平舉推出，兩手心均向上，劍尖向右後成平劍。目視前方（圖2-138）。

【要點】

雲劍時上身後仰，兩臂分伸要迅速。

第五趟　巽卦劍

1.併步橫掃（橫掃千軍）

逆時針行至右腳在前時，左腳向左前方上步，外展下落，身體左轉，裡扣右腳，併步半蹲。同時，劍向左側橫掃（平劍手心向上），左劍指回屈，附於右腕上。目視左前方（圖2-139）。

【要點】

上身有合收之意。

2. 上步分崩（大鵬展翅）

右腳向左前上步。同時，上身右轉，右手劍向右後平擺分崩，手心向上；左臂向左側平擺，手心向上。眼看右後方（圖2-140）。

【要點】

右手劍有快速抖腕的動作，雙臂似擴胸運動。

3. 轉身雲掃（扶搖直上）

（1）左腳經右腳內側向左前外展邁出，身體左轉。隨轉身平劍向左橫擺，手心向上，左劍指回屈臂附於右腕內上。目視正前方（圖2-141）。

圖2-140　　　　　　　　　　　　　　　　圖2-141

（2）右腳經左腳內側向左前扣落。同時，上身後仰，右臂外旋，使劍在頭前上從前向左後、再向右前雲劍一周（圖2-142）。

圖 2-142　　　　　　　　　圖 2-143

（3）左腳向左前上步，腳外展落下，右腳扣落半蹲。右手持劍向左側橫掃（平劍手心向上），左劍指回屈，附於右腕上。眼看左前方（圖2-143）。

【要點】

走轉雲掃要協調配合，沒有停頓。在雲劍的同時，上身後仰，抬頭，從左腳開始向左後走一小圓，共四步。

4. 仰踢分崩（鵬程萬里）

上體後仰，右腿屈膝提起後向前上方彈踢，成仰身平衡。同時，右手持劍向右平掃，左手向左平擺，兩手心都朝上。目視右前方（圖2-144）。

【要點】

踢腿、仰身分掃、擺崩要協調，儘量成仰身平衡。

圖 2-144　　　　　　　　　　　　　　　　圖 2-145

5.併步橫掃（橫掃千軍）

右腳下落內扣成半蹲。同時，右手持平劍向左前平擺，左劍指回收附於右腕上，兩手合收於胸前，左手在上，右手在下。目視前方（圖2-145）。

【要點】

雙臂向胸前回收時，上身有縮身的意思，下動時有伸擴的意念。

6.提膝下截（仙人披衣）

（1）右腳向右前方外展邁出。右手持劍向右平掃，左劍指向左平擺，手心均向上。目視右前方（2-146）。

（2）左腳向右前上步。同時，右臂內旋，劍由右側向上擺；左劍指屈臂外旋回收至

圖 2-146

胸左側，手心向上（圖2-147）。

（3）左腿支撐，提右膝。同時，右手持劍向右下截，手心向裡；左劍指上架，身體略右傾。眼看右下方（圖2-148）。

【要點】

蹬提截架要同時動作，這個動作也可再走兩步動作，順時針行步。

7. 裡合後劈（風捲荷葉）

（1）右腳前落，腳外展支撐（圖2-149）。

圖 2-147　　　　　圖 2-148　　　　　圖 2-149

（2）左腿裡合落地。同時，右手持劍，由右下向上、向左後劈，左劍指回收附於右小臂內側。目視左後方（圖2-150）。

圖 2-150

圖 2-151

【要點】

右腿支撐挺直，左腿積極裡合，先擺後劈。

8. 穿架行步（隱龍入海）

（1）右腳向右側前上步，腳外展落下，隨即上扣左腳。同時，右手持劍內旋掛至頭前上，劍尖向右，左劍指附於右腕。目視右前方（圖2-151）。

（2）上身右轉，右腿後撤，左腿全蹲成右仆步。同時，右手持劍外旋，使劍向下沿右腿內側向右穿出；左手劍指小臂屈收至左腰側，手心向上（圖2-152）。

（3）重心前移，左腿上步，外展落地。同時，劍從下向外上架至頭前上，劍尖向左，左劍指向左前指。目視左前方（圖2-153）。

【要點】

轉身仆步穿劍要協調；仆穿要加大幅度，起立要迅速。

圖 2-152

第六趟 震卦劍

1. 正刺行步（烏龍吐霧） 圖 2-153

（1）架劍逆時針行步，當行至右腳在前時，右手持劍下落於右肩前成平劍，手心向上；左手劍指指向前方，手心向下。目視前方（圖 2-154）。

（2）左腳經右腳內側向前邁出時，右手持劍，經左腋下向前刺出，左臂略向右平擺。目視前方（圖2-155）。

圖 2-154　　　　　　　　　圖 2-155

（3）右腳經左
腳內側向左前扣落。
右手持劍繼續向前刺
出，手心向上；左臂
內旋，左手劍指收回
插向左腋下，身體向
右仰挺探出。目視左
前方（圖2-156）。

圖 2-156

【要點】

上步刺劍要旋臂，扭轉挺伸，配合得當，前刺
時，右臂儘量向前伸出。

2.反刺行步（猛虎回頭）

（1）左腳向左前擺步，上身抬起。右手持劍屈腕
向上掛起，劍尖向左；左手劍指貼背下穿出後，臂外
旋向左下方探出。目視左前方（圖2-157）。

（2）右腳向左腳前上步裡扣。同時，右臂內旋，
劍從上向左下穿；左手劍指經下、右提至右胸前，掌
心向左（圖2-158）。

（3）左腳經右腳前向右扣落。右手持劍，反臂經
右腋下向右後穿刺；左臂外旋向左前上舉伸，手心向
上。目視右後方（圖2-159）。

【要點】

上體要隨劍左右探出，把動作幅度做大。上步刺

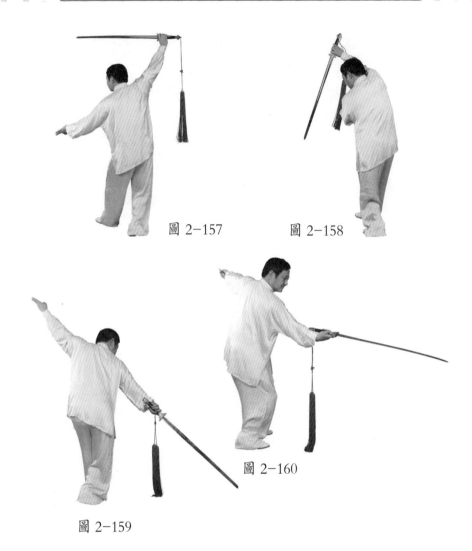

圖 2-157　　　　圖 2-158

圖 2-160

圖 2-159

劍、轉肩、扭身、伸臂要協調，同時動作。

3. 提膝下截（烏龍擺尾）

（1）以右腳掌為軸，向右後擰髖轉體。同時，右臂外旋，左臂內旋。目視劍尖（圖2-160）。

（2）左腳向右前上步扣落。同時，右手持劍外旋伸出，左臂從右臂下向前插伸（圖2-161）。

（3）右腳向右上步擺落。左手劍指繼續前伸，身體向後仰。目視劍指（圖2-162）。

圖2-161　　　　　　　　　　　圖2-162

（4）左腳向右前上步扣落，上體沿縱軸向右擰轉。目視劍尖（圖2-163）。

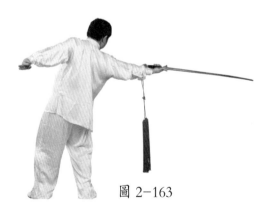

圖2-163

（5）右腿向前上步，挺直站穩，左腿提膝。同時，右臂內旋，劍向右下截，左劍指上架。眼視右下方（圖2-164）。

圖 2-164

【要點】

上身後仰隨行步轉扭一起動作，身體各部位要緊密配合。

4. 提膝反刺（眉中點素）

（1）左腳向左前外展落地。同時，右手持劍臂外旋抬平，手心朝上；左手劍指下落於左胸前，手心朝下。目視劍尖（圖2-165）。

（2）右腳繼續向左前上一步。同時，上體向原刺劍方向側探，左劍指經左腋下沿上體左側後方穿下（圖2-166）。

圖 2-165

圖 2-166

（3）左腳繼續向左前上一步，身體沿縱軸向左擰轉 180度。同時，右手持劍略往右抽回，左劍指向前下抬起。目視左前方（圖2-167）。

圖 2-167

（4）右腳繼續向左前上一步。同時，上體順勢抬起，右手持劍向右抽回於右肩側，手心朝外，劍尖朝左前上，左劍指抬指左前方。目視劍指（圖2-168）。

（5）右腿站立挺直，左腿屈膝提起。同時，右手持劍向左前反手探刺，左劍指附於右腋前。目視左前方（圖2-169）。

【要點】

下肢蹬挺，上身隨劍刺有伸探之意。

圖 2-168

圖 2-169

5. 提膝劈劍（力劈華山）

（1）左腳向左前外展落地。同時，右手持劍向左下掛，左劍指附於右手腕上。目視右前方（圖2-170）。

（2）右腳向左前上步扣落後，挺直站立，左腿屈膝提起。同時，右手持劍由左上、右上、向右下劈，左手劍指從腹前向上擺架。目視右下方（圖2-171）。

圖 2-170　　　　圖 2-171

6. 弓步平斬（沛公斬蛇）

左腿向左前落成左弓步。同時，上身左轉，右手持劍，臂外旋向左前平斬，手心向上，左臂內旋後伸。目視左前方（圖2-172）。

【要點】

上身隨劍協調動作，右臂有向左前旋伸之意。

圖 2-172

7. 抹帶行步（迎風揮塵）

右腿上步成右弓步。同時，左劍指回抽附於右手腕上，右臂內旋使劍尖向上右畫小圓，而後隨上體右後轉向右後抹帶。目視右前方（圖2-173）。

圖 2-173

【要點】

上身腰隨劍協調動作，抹帶有內含之意。

8. 穿架行步（隱龍入海）

（1）左腳向右側前上步，扣腳落下。同時，右手持劍外旋掛至頭前上，劍尖向右，左劍指附於右腕。目視右前方（圖2-174）。

（2）上身右轉，右腿後撤，左腿全蹲成右仆步。同時，右手持劍外旋，使劍向下沿右腿內側向右穿

圖 2-174

圖 2-175

出；左手劍指，小臂屈收至左腰側，手心向上（圖2-175）。

（3）重心前移，左腿上步，外展落地。同時，劍從下向外上架至頭前上，劍尖向左，左劍指向左前指。目視左前方（圖2-176）。

圖 2-176

【要點】

轉身仆步穿劍要協調；仆穿要加大幅度，起立要迅速。

第七趟　兌卦劍

1.行步掄掛（飛雪連天）

（1）架劍逆時針行至左腳在前時，右腳向左前上

一步，落地內扣。同時，右手持劍經後向下掛劍，左劍指回收於右肩前（圖2-177）。

（2）左腳向左前上一步，左腳外展落地。同時，劍向左前方掛起，左劍指經左腋下沿上體左側後方穿下。目視左上方（圖2-178）。

（3）右腳繼續向左前上一步扣落。同時，右手持劍，隨轉體繼續向左前上掛劍，左劍指下穿於左髖側。目視左前方（圖2-179）。

圖 2-177　　　　　圖 2-178　　　　　圖 2-179

（4）左腳繼續向左前上一步，外展落地。右手持劍，隨轉體繼續向左前下掛劍，左劍指下向後伸。目視左側後（圖2-180）。

（5）右腳繼續向左前上一步扣落，身體左轉。同時，左臂外旋前伸，右手持劍於右後方，劍尖向前。目視前方（圖2-181）。

圖 2-180　　　　　　　　圖 2-181

【要點】

上身後仰翻旋，劍掄掛上下走一立圓，行步逆時針走一小圓。

2.丁步前刺（寒梅吐蕊）

左腳向前上一步，不停，右腳前上支撐半蹲，收左腳並靠成丁步。右手持劍向右前平刺，左臂在刺劍時上架。目視劍刺方向（圖2-182）。

圖 2-182

【要點】

收左腿的同時刺劍，丁步與刺劍同時完成。

3.上步右撩（普灑甘露）

（1）左腳向左後伸出，隨即左轉體180度。同時，左手劍指隨轉身經右胸前向下、向前擺出（圖2-183）。

（2）右腳向左前上步。同時，右手持劍臂外旋，向前撩擊，左劍指順勢上架於頭左側上方。目視右前方（圖2-184）。

【要點】

上身隨右臂動作，向右前扭送轉旋。

圖 2-183　　　　　　　　圖 2-184

4.上步左撩（仙人撩衣）

（1）重心左移，上身左轉，右腳略回收。同時，右臂外旋，將劍回抽於頭左側上，立劍，劍尖向

右，左劍指附於右腕內側（圖2–185）。

（2）右腳外擺踩實。同時，右手持劍向左後下劈，劍尖朝左後。目視右前方（圖2–186）。

（3）左腳向前上步，身體右轉。同時，右臂內旋，使劍經下向前撩擊於頭右側上方，劍尖向左，左手附於右腕內側。目視左前方（圖2–187）。

【要點】

腰隨劍行，劍身合一。

圖 2–185　　　　圖 2–186　　　　圖 2–187

5. 插步後撩（平沙落雁）

（1）左腳內扣，上身右後轉。右手持劍做外剪腕花一周（圖2–188）。

（2）右腿後撤一步，緊接左腿插步。同時，劍從右上向右後反撩，左劍指上架，上身稍右轉。目視右後方（圖2–189）。

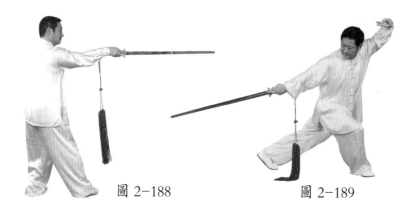

圖 2-188   圖 2-189

【要點】

注意各部位的協調配合，腰隨劍行。

6. 轉身掛劍（孔雀開屏）

（1）左腳向左上步。右手持劍屈腕，使劍尖向左、向上掛於頭前，劍尖朝右，左劍指屈收附於右腕內側。目視右側（圖2-190）。

（2）上身右後轉，右腿一步後撤。同時，右臂外旋，使劍向下、向右掛成側平舉，劍尖向上；左臂向左平伸，手心向下。目視右方（圖2-191）。

【要點】

掛劍、轉身、撤掛要協調連貫。

7. 蓋步後劈（彩雲追月）

左腿向右蓋步。同時，右臂外

圖 2-190

圖 2-191　　　　　　　　　圖 2-192

圖 2-193

旋，使劍經上向左、向下劈，劍尖朝右，左劍指向右弧形落附於右小臂上。目視左後方（圖2-192）。

【要點】

雙臂的開合和左腿的前蓋要協調、同時、連貫。

8. 穿架行步（隱龍入海）

（1）上身右轉，右腿後撤，左腿全蹲成右仆步。同時，右手持劍外旋，使劍向下沿右腿內側向右穿出；左手劍指，小臂屈收至左腰側，手心向上（圖2-193）。

（2）重心前移，左腿上步，外展落地。同時，右手劍直臂上舉，劍尖指天，左劍指向左前指。目視左前方（圖2-194）。逆時針運劍。

圖 2-194

【要點】

穿劍幅度要加大，上身隨之前伸，轉身起立要迅速，動作要連貫協調。

第八趟　艮卦劍

1.馬步分撥（獅子抖毛）

（1）舉劍逆時針行至左腳在前時，右腳上步，內扣下落，上身左轉（面向圓內）。同時，右手持劍下落於胸前，手心向內，劍尖斜朝左上方；左劍指收於右手腕內側，手心向內（圖2-195）。

（2）左腳橫跨成馬步。同時，雙臂向下左右兩側分撐，手心均向外，劍尖向左斜下方。目視左前方（圖2-196）。

【要點】

雙臂分撐時要沉肩塌腰，氣下沉。

圖 2-195　　　　　　　　　圖 2-196

2.穿崩踢刺（野馬奔槽）

（1）左腳外展，右腳上步。同時，左手經上向左畫弧成側平舉，手心向外；右手持劍上崩成側平舉，劍尖斜朝上。目視劍尖（圖2-197）。

（2）右腳內扣，左腿插步，身體後仰。同時，左劍指下插於背後，手心向外，右手持劍使劍尖領先向上畫弧於頭上（圖2-198）。

圖 2-197　　　　　　　　　圖 2-198

（3）身體沿縱軸翻腰。同時，右手屈腕，持劍隨身體旋轉掛劍，劍尖向左；左臂外旋，向左穿出成側平舉，手心朝下。目視劍指（圖2-199）。

（4）左腿支撐，右腿向前彈踢。同時，右手持劍前刺，手心向上；左手上架於頭前上，劍指向右，手心向上。目視前方（圖2-200）。

【要點】

掛轉時上身要後仰，翻轉要快速圓活，踢刺一致。

圖 2-199　　　　　　　圖 2-200

3. 左右掛劍（鳳凰開屏）

（1）右腳前落，上身左轉180度。同時，右手持劍上舉，劍尖向前，左手下落成前平舉（圖2- 201）。

（2）左腿後撤。同時，右臂內旋，劍由上向前、再向左下後掛，左手附於右腕內側（圖2-202）。

圖 2-201　　　　　　　　圖 2-202

（3）右腳外展，上體右轉。同時，右臂外旋，劍由左後經上向前、向右下後掛；左臂向左側伸出，雙手心均向外。目視右後方（圖2-203）。

【要點】

左右掛要協調，連貫貼身走成立圓。

圖 2-203

圖 2-204

圖 2-205

4. 蓋步後劈（彩雲追月）

以右腳掌為軸，向右後輾轉，上身右轉，隨之左腿向右前蓋步。同時，右手持劍，從右後向上、向左後劈，左劍指從左經上、下附於右腕內側。目視左後方（圖2-204）。

【要點】

轉擺劈合要同時動作。

5. 左右掛劍（鳳凰開屏）

（1）以雙腳掌為軸，身體右後輾轉180度。同時，劍提至頭側上方，劍尖向右。目視右方（圖2-205）。

（2）右腿後撤一步，身體右轉。同時，右臂外旋，使劍從左向右下掛，左臂向左前上伸，雙手心均向外（圖2-206）。

圖 2-206　　　　　　　　　　　圖 2-207

（3）左腳尖外擺，身體左轉。同時，右臂內旋，使劍從右下向上、向左下後掛；左臂回屈，劍指插在右臂下。目視左下方（圖2-207）。

【要點】

左右穿掛要連貫，身體各部位要配合得當。

6.蓋步後劈（彩雲追月）

右腿向左前蓋步。同時，右臂外旋，使劍從左後經上向右後下劈，左劍指上架。目視右後方（圖2-208）。

【要點】

在劈架的同時，左腳跟抬起，上身有挺伸動作。

圖 2-208

7. 左右掛劍（鳳凰開屏）

（1）以左腳掌右腳跟為軸，上體向左後輾轉180度。同時，右臂持劍，隨上身使劍從右後向前上提撩，左劍指經上向左後畫弧。目視劍尖（圖2-209）。

（2）上身左轉，左腿後撤一步。同時，右臂內旋，使劍從上向左下後掛，左手收回附於右臂內側（圖2-210）。

（3）右腳外展，上身右轉。同時，右臂外旋，使劍從左後下向上、向右下掛；左臂向左側上伸，雙手心均向外。眼看右後方（圖2-211）。

圖 2-209

圖 2-210

圖 2-211

【要點】

動作要連貫、協調，注意加大幅度和身劍的配合。

8.掄掛架行（游龍回轉）

（1）左腿向前上步，腳尖外擺。同時，右臂內旋，使劍從右下後向上舉，劍尖向左上方，左臂下落成側平舉。目視劍指（圖2-212）。

（2）上右腳，腳尖內扣支撐，左腿提膝，上體後仰翻轉一周後前落，腳尖外擺。劍隨翻轉掄掛一周，左臂與之配合（圖2-213、圖2-214）。

圖 2-212

圖 2-213

圖 2-214

圖 2-215　　　　　　　　　　圖 2-216

（3）右腳上一步，腳內扣。同時，右手持劍向左下掛，左劍指附於右手腕（圖2-215）。

（4）左腳向前邁出。右臂內旋架劍於頭前上，左臂側平舉，左劍指指向圓心（圖2-216）。沿圓逆時針行步。

【要點】

掄掛翻轉時，上身儘量後仰，支撐腿站穩；翻轉要快捷，柔和，連貫，形成立圓。

收　勢

1.行步雲劍（雲龍吸水）

架劍逆時針行步，右腳前行時，右臂腕外旋，使劍在頭前上逆時針雲一小圓，左臂回屈，劍指向右臂下插（圖2-217）。

圖 2-217　　　　　　　　圖 2-218

【要點】

在右臂雲劍的同時,臂內旋平雲一周,邊走邊動,不可停留。

2. 併步持劍（百川歸海）

（1）左腳上前一步。同時,左手接劍,翻腕反臂持劍（圖2-218）。

（2）右腳上步,左腳併靠。同時,右手下按,收成起勢姿勢。目視前方（圖2-219）。

圖 2-219

【要點】

放鬆身體,氣向下沉,心態恢復平靜。

後　記

　　筆者年逾古稀，不敢密技，貢獻所學，編著《龍形劍與八卦劍》一書，求證於武林同道。付梓在即，我要衷心感謝所有向我無私傳授拳技的老師傅們。

　　我倍加感謝我的恩師張春波、張書田、楊隆柱等老師給我的教授，早年對我劍法的辛勤栽培和精心指導；還要衷心感謝愛護和支持積極傳播傳統武術的山西介休心意學校杜培勇校，及山西介休紅十字博愛正骨醫院院長郭雲勝醫師。

　　本書在編著過程中，臨汾市燕軍武校校長張燕軍先生無私地提供照相場地，山西師範大學副教授李小斌老師、鄧碾管先生辛苦照相、攝影，孝義中學武大偉先生文稿整理錄入，在此一併表示謝忱！

　　此書若能對閱者有所裨益，則吾幸甚。

辛卯年丁酉月丁丑日

謹跋於晉仲介休

歡迎至本公司購買書籍

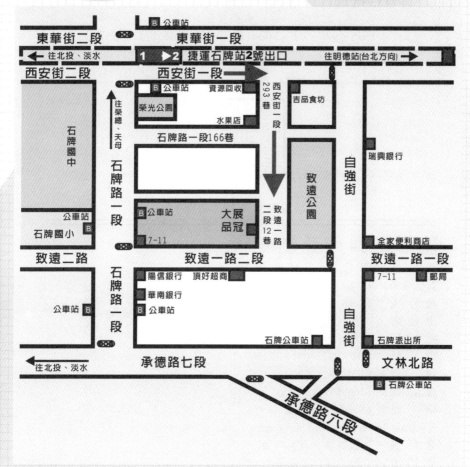

建議路線
1. 搭乘捷運‧公車
　　淡水線石牌站下車，由石牌捷運站2號出口出站(出站後靠右邊)，沿著捷運高架往台北方向走(往明德站方向)，其街名為西安街，約走100公尺(勿超過紅綠燈)，由西安街一段293巷進來(巷口有一公車站牌，站名為自強街口)，本公司位於致遠公園對面。搭公車者請於石牌站(石牌派出所)下車，走進自強街，遇致遠路口左轉，右手邊第一條巷子即為本社位置。

2. 自行開車或騎車
　　由承德路接石牌路，看到陽信銀行右轉，此條即為致遠一路二段，在遇到自強街(紅綠燈)前的巷子(致遠公園)左轉，即可看到本公司招牌。

國家圖書館出版品預行編目資料

龍形劍與八卦劍／賈寶壽　侯介華　著
——初版，——臺北市，大展，2016〔民105.06〕
面；21公分 ——（劍術武學：1）
ISBN　978－986－346－118－0（平裝附數位影音光碟）
1.劍術
528.974　　　　　　　　　　　　　　　　　105005424

【版權所有・翻印必究】

龍形劍與八卦劍 附 DVD

著　　者／賈寶壽　　侯介華
責任編輯／王躍平
發行人／蔡森明
出版者／大展出版社有限公司
社　　址／台北市北投區（石牌）致遠一路2段12巷1號
電　　話／（02）28236031・28236033・28233123
傳　　眞／（02）28272069
郵政劃撥／01669551
網　　址／www.dah-jaan.com.tw
E - mail／service@dah-jaan.com.tw
登記證／局版臺業字第2171號
承印者／傳興印刷有限公司
裝　　訂／眾友企業公司
排版者／弘益電腦排版有限公司
授權者／山西科學技術出版社
初版1刷／2016年（民105年）6月

定　價／330元

●本書若有破損、缺頁請寄回本社更換●

大展好書　好書大展
品嘗好書　冠群可期